요즘 소비 트렌드 2025

요즘 소비 트렌드 2025

초판 1쇄 인쇄 2024년 09월 30일
1쇄 발행 2024년 10월 10일

지은이 노준영
대표·총괄기획 우세웅

책임편집 한홍
기획편집 김은지
콘텐츠기획·홍보 김세경
북디자인 박정호

종이 페이퍼프라이스㈜
인쇄 ㈜다온피앤피

펴낸곳 슬로디미디어
출판등록 2017년 6월 13일 제25100-2017-000035호
주소 경기 고양시 덕양구 청초로 66, 덕은리버워크 A동 15층 18호
전화 02)493-7780 **팩스** 0303)3442-7780
홈페이지 slodymedia.modoo.at **이메일** wsw2525@gmail.com

ISBN 979-11-6785-228-1 (03320)

생성형 AI, 챗GPT, 웰니스, 인스타그래머블, 디지털 캠프파이어 등
마케터의 시각으로 본 '핫'한 소비 트렌드 읽기

요즘 소비 트렌드 2025

노준영 지음

슬로디미디어

그래서, 트렌드는 좀 달라졌니?

"그래서, 내년 트렌드는 좀 달라질 것 같니?"

가까운 지인이 나에게 던진 물음이다. 사실 명확하게 답변하진 못했다. 곰곰이 생각해보니 그동안 우리가 겪어온 흐름과 비슷한 측면도 있는 것 같고, 새로운 측면도 있는 것 같았기 때문이다. 그래서 우물쭈물하다가 대답할 타이밍을 놓쳐버렸다.

그런데 애초에 이 질문은 명확한 답을 할 게 아니라 "내년 트렌드가 달라질 것 같다"라는 마음을 읽어야 했던 게 아닐까? 실제로 달라질지 여부보다는 지금보다 더 나은 시간을 꿈꾸는 마음이 더 중요했던 건 아닐까?

내년 트렌드, 나아질까?

더 나은 삶을 추구하고자 하는 마음은 누구나 같다. 그래서 '웰니스'라는 트렌드가 등장했고, 발전적 의미에서 개인주의를 추구한다. 스스로의 발전을 도모하는 것이다. 이런 움직임 속에서 지금보다 나은 내일을 꿈꾼다. 트렌드의 핵심은 이런 마음에서 출발하며, 실제로 소비도 더 나은 내일에 집중된다. 그러니 당연히 내년 트렌드가 더 나아졌으면 좋겠다는 바람을 가질 수밖에 없다.

나는 매년 트렌드가 더 나아진다고 본다. '더 나아진다'는 말을 어떻게 해석할지는 각자의 가치관에 따라 달라지겠지만 말이다. 게다가 트렌드에 뒤따르는 대중의 행동도 다변화되며 발전적 의미를 더하고, 트렌드에 대한 적응도가 올라갈수록 훨씬 더 흥미로운 이야기가 현실에서 펼쳐진다. 그래서 트렌드는 더 나아진다고 보는 것이다.

새롭게 등장하는 흐름이나 생각 역시 마찬가지다. 조금은 어색하게 등장했던 것이 거대한 태풍으로 성장하기도 하고, 정착될지 의심스럽던 트렌드가 굳건히 한자리를 차지하기도 한다. 대부분 트렌드는 대중의 생각이나 소비에 따라 움직인다. 그러니 이런 움직임이 뚜렷할수록, 대중의 생각이나 소비도 현실에서 인식할 수 있는 형태가 된다. 따라서 트렌드가 안 좋아지는 경우는 없다. 아마도 안 좋은 트렌드는 이미 현상이 되지 못하고 대중의 선택을 받지 못할 테니 말이다.

트렌드는 계속 바뀔까?

다시 트렌드에 대한 물음으로 돌아가, 그에 답할 수 있는 또 다른 방향을 생각해보자. 더 나아진다는 건 바뀐다는 뜻일 수도 있다. 기존에는 없던 것이 새롭게 등장하는 것이다. 이런 흐름이 충분히 긍정적이라면, 트렌드가 더 나아진다고 볼 수 있겠다. 트렌드 책을 쓰는 작가의 입장에서 생각해보면, 트렌드는 계속 바뀌는 게 맞다. 그래서 새롭게 등장하는 요소를 이해하고 적용할 필요가 있으며, 이미 있지만 새롭게 의미를 더해가는 트렌드 또한 새로운 방향으로 생각해볼 필요가 있다.

다만 이미 알고 있었던 것이 의미를 잃는 건 아니다. 하지만 한번 파악했다고 평생 써먹을 수 있는 지식이 되는 것도 아니다. 꾸준한 업데이트, 그리고 이를 어떻게 적용할지에 대한 고민이 필요하다. 트렌드를 리드하는 세대도 바뀌니 말이다. 사실 트렌드를 연구하고 책을 쓰는 이유는 바로 여기에 있다. 달라지는 흐름을 이해한 후 사례와 함께 알리고 싶고, 변해가는 소비 중심 세대의 생각을 파악해 지식으로 남기고 싶기 때문이다. 이 책의 출발도 이런 생각에서였다. 자료를 모으고 사례를 수집하고 적용 방식을 고민하며, 달라진 부분을 이해하도록 돕는 자료를 제시하고 싶었다. 그래서 이 책의 핵심은 트렌드 자체를 읽는 것이다.

하지만 트렌드를 바라보는 새로운 시선과 트렌드에 녹아 있는 대중의 심리를 이해하는 것 역시 소홀히 할 순 없었다. 소비 트렌드 키워드 9가지와 이를 뒷받침하는 사례, 소비 트렌드의 이유를 따라가는 이 책의 구성은 내가 설정한 목표를 정확히 반영한 셈이다. 단순히 트렌드를 읽는 것뿐만 아니라, 이유를 제대로 이해하길 바란다.

트렌드를 제대로 이해하는 법

누구나 트렌드를 이해할 필요가 있다. 기업이나 기관, 브랜드의 마케팅 담당자나 경영 관련 인력뿐만 아니라 동시대를 살아가는 사람이라면 누구나 말이다. 이유는 간단하다. 현시점을 함께 살아가는 수많은 사람의 생각을 읽을 수 있기 때문이다. 이런 생각이 소비에 반영되고 트렌드를 만든다. 그래서 트렌드를 제대로 이해하려면 "왜?"라는 질문을 던져야 한다.

어떤 현상이 대세라는 말을 들었을 때, 한 번이라도 그 이유를 고민한 적이 있는가? 없다면 지금이라도 태도를 바꿔야 한다. "왜?"라는 질문을 던지고, 새롭게 만나는 제품이나 서비스가 왜 나왔는지 의문을 품어야 한다. 이유 없는 행동은 없다. 특히 기업이나 브랜드, 기관은 더더욱 그렇다. 특정한 행보에는 반드시 근거가 있다. 그 근거를 찾아 탐구해야 하며, 각자의 고민이 바로 트렌드를 이해하는 방식을 구성한다.

이 책은 이유에 대한 탐구다. 또한 반드시 고민해야 하는 요소에 대한 통찰을 제공한다. 트렌드라는 단어를 좀 더 입체적으로 이해하고, 생활에 필요한 요소로 받아들이기 위한 모든 과정이 책에 녹아 있다. 따라서 트렌드 키워드를 이해하는 동시에, 트렌드가 의미하는 바를 함께 살펴보길 권한다.

트렌드가 말하는 메시지를 이해하길 바라며

이 책을 통해 트렌드가 말하는 메시지를 제대로 이해할 수 있길 바란다. 또한 이런 고민이 일상에 스며들어 더 나은 삶을 만드는 원동력이 되길 바란다.

해가 가며 집필한 책이 늘어나고, 이 과정에서 감사한 존재를 만난다. 나의 고민은 혼자서 해내기 어렵다. 이 고민을 함께해주는 많은 분들, 그리고 책이 세상에 나올 수 있도록 도움을 주는 모든 분에게 감사의 마음을 전한다.

노준영

차례

PART 9　사지 마세요, 구독하세요

CONSUMPTION TRENDS

CONSUMP

PART 1

챗GPT와
애플 인텔리전스의 시대,
생성형 AI와 선택적 집중

ONTRENDS

생성형 AI, 게임 체인저의 등장

AI라는 이름을 달고 초기에 나온 제품은 주로 스피커와 연동된 제품이 많았는데, 나 역시 이런 제품을 테스트해보며 AI에 접근했던 것으로 기억한다.

그런데 생각보다 재미가 없었다. 내가 원하는 음악을 말해도 AI는 잘 알아듣지 못하는 경우가 많았다. 원하는 정보를 물어도 제멋대로 검색해 결과를 알려주곤 했다. 결국 날씨나 미세먼지 농도를 물어보는 등 단편적인 활용에 그쳤고, 이사하면서 정리해버렸다.

아마도 나처럼 AI를 접한 사람이 꽤 많았으리라 생각한다. AI 연동 스피커는 출시 당시 다양한 프로모션으로 증정받는 경우가 상당히 많았기 때문이다. 물론 AI 스피커는 좋은 시도였다. 하지만 AI에 대한 기대치를 낮추는 역할을 한 것도 사실이다. SF 영화에서 보던

AI는 어딘지 대단해 보였는데, 실생활로 들어온 AI는 그렇지 않았으니 말이다. 그래서 오픈AI가 선보인 챗GPT에 대해 처음 들었을 때, 큰 기대감은 없었다. 기존에 사용하다 어디에 처박아뒀는지조차 잊어버린 AI 스피커와 비슷하리라 생각했던 것이다.

하지만 실제로 활용해본 후 깜짝 놀랄 수밖에 없었다. 나뿐만이 아니다. 대한민국, 아니, 전 세계가 놀랐다. 챗GPT는 일종의 '게임 체인저(Game changer)'였고, 챗GPT가 상징하는 생성형 AI의 시대가 시작되었다. 이제는 애플 인텔리전스(Apple Intelligence) 등 다양한 적응 사례가 등장하며 전성기를 맞이하고 있다. 그래서 생성형 AI인 챗GPT와 애플 인텔리전스를 통해 생성형 AI가 트렌드에서 차지하는 의미를 찾아보려 한다.

생성형 AI는 물어보면 답한다. 검색의 시대가 지나고 대화의 시대가 온 것이다. 옆에 사람이 있는 것처럼 대화를 주고받는다. 사람보다 훨씬 더 많은 양의 자료를 빠른 속도로 정리해 알려준다. 아무리 방

그렇다. AI 캐디는 상당히 빠르다.(출처 : 김캐디)

대한 자료라도 1분 안에 척척 정리한다. 요약하거나 정리한 자료는 손을 대지 않아도 될 정도다.

AI 캐디는 골프의 비거리 늘리는 법, 스윙 자세 교정 등 다양한 질문에 상세히 답해준다. 마치 캐디와 대화하는 것처럼 말이다. 이뿐만이 아니다. 좋아하는 골프 선수 2명의 강점을 비교해달라고 해도 척척 답한다. 물론 보통의 캐디도 알고 있는 정보다. 하지만 AI 캐디가 조금 더 빠르다. 과거 같으면 상상하기 어려운 일이지만, 챗GPT가 열어젖힌 생성형 AI의 시대에서는 언제, 어디서든 호출할 수 있는 캐디가 있다.

게다가 생성형 AI는 제자리에 머물러 있지 않다. AI는 딥러닝을 바탕으로 꾸준히 지식을 늘려간다. 애플의 iOS가 버전마다 새로운 기능을 내놓는 것과 같은 모습이 아닐까 싶다. AI는 딥러닝이 진행될 때마다 새로운 기능을 선보이지는 않지만 대답이 매우 정교해진다.

특정한 주제에 대해 1년 치 정보를 가지고 있는 사람과 10년 치 정보를 가지고 있는 사람이 있다고 가정해보자. 둘 중에 누가 더 정교하게 대답할 수 있을까? 당연히 후자다. 주제의 역사도 파악하고 있을 것이고, 10년 동안 일어난 수많은 변화를 말할 수 있을 것이다. 생성형 AI도 마찬가지다. 딥러닝을 통해 꾸준히 정보를 학습하는 만큼, 시간이 갈수록 더 나은 대답을 할 수 있다. 그러니 생성형 AI를 곁에 둔다는 건 지속적으로 똑똑해지는 서포터를 고용한 것과 같다. 마음이 든든할 수밖에 없다.

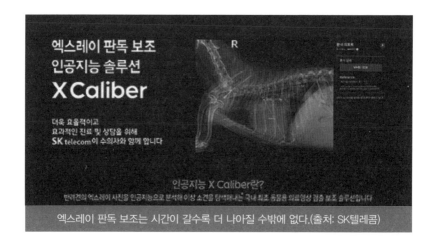

SK텔레콤은 반려동물 엑스레이 판독 AI인 엑스칼리버를 운영한다. 엑스레이 사진을 AI가 분석해 이상 소견을 탐지하는 것이다. 특정 질병이나 상해는 일정한 특성을 갖는 경우가 많아서, 질병이나 상해를 입은 반려동물의 엑스레이를 학습해 생성형 AI가 자신만의 판단 기준을 확립하고 이 기준에 따라 판독 보조의 업무를 수행하는 것이다. 이 자체로도 충분히 큰 의미가 있지만, 시간이 갈수록 엑스칼리버의 정확도는 높아질 것이다. 딥러닝 때문이다. 판독하는 엑스레이의 양이 많아질수록 AI는 더 나은 대답(여기서는 판독)을 한다. 그만큼 많은 학습을 진행했으니 말이다. 이렇듯 생성형 AI는 게임 체인저로서의 존재감을 발휘할 것이다.

진화형 챗봇이 아니다,
생성형 AI를 트렌디하게 활용하면?

　이미 어느 정도 감을 잡았겠지만, 생성형 AI가 트렌드를 이끌게 된 건 단순히 대답만 하는 대상이 아니기 때문이다. 그러나 챗GPT가 등장한 초기에는 생성형 AI를 진화된 챗봇이라고 오해하는 사람들이 많았다. 물론 이런 판단도 아예 틀린 건 아니다. 챗봇은 한정적 정보를 바탕으로 구현하는 것이고 생성형 AI는 지속적으로 학습해 데이터베이스를 늘리기 때문에, 진화된 챗봇이라고 하는 것도 잘못된 이해는 아니라고 할 수 있다. 하지만 그렇게 되면 생성형 AI를 단순히 묻고 답하는 용도로 판단하는 우를 범하기 쉽다. 만약 생성형 AI가 그런 수준에 지나지 않았다면, 새로운 시대를 선도할 트렌드로 볼 이유는 없을 것이다.

　생성형 AI는 영상 제작, 텍스트 작성, 업무 보조 등의 기능뿐 아니라 트렌드의 관점에서도 활용할 만한 분야가 상당히 많다.

첫 번째는 시장 조사다. 마케팅을 기획할 때만 시장 조사를 수행한다고 생각하는 사람들이 많은데, 시장 조사는 어느 분야에서든 필요하다. 새로운 상품을 기획하거나, 표적 시장이나 타깃 혹은 경쟁 제품을 이해하기 위해서는 시장 조사를 진행해야 한다. 꼭 기업이나 브랜드만이 아니라 기관에서도 마찬가지다. 새로운 정책을 내놓고 성과를 내려면, 정책의 대상이 되는 사람들의 니즈나 현 상황을 이해해야한다. 상업적 성과를 위한 것이 아니니 시장 조사라고 하긴 애매한 면이 있지만, 성격은 같다.

이렇듯 시장 조사는 어느 분야에나 필요하지만, 수행하기가 상당히 어렵다. 타깃의 행동이나 소비, 경쟁 업체의 행보 등 조사해야 할항목이 너무 많기 때문이다. 하지만 이제는 걱정할 필요 없다. 대면

AI가 말아주는 하이볼을 마셔본 적 있는가?(출처: GS리테일)

면접을 통해 얻어야 할 자료는 어쩔 수 없지만, 나머지 자료는 생성형 AI를 활용해 웹상에 방대하게 깔려 있는 자료들을 찾아 확보할 수 있다. 챗GPT와의 대화는 입체적인 대화는 아닐 수 있지만, 생산적인 대화일 수는 있다. 생성형 AI는 각종 통계와 수치, 시장 전망을 탐색해 가며 의미 있는 정보를 발췌해 알려줄 테고, 반드시 필요한 시장 조사를 몇 분 만에 간단하게 끝낼 수 있다.

편의점 GS25에서 재미있는 제품을 내놓은 적이 있다. 바로 AI가 만든 하이볼이다. 생산 공정을 운영한 건 아니지만, 하이볼 시장은 어떤 상황인지, 사람들이 어떤 하이볼을 선호하는지, 패키지는 어떤 것이 좋은지 등 시장 조사가 필요한 항목을 AI에 물어본 것이다. 그러자 생성형 AI는 데이터를 활용해 의미 있는 대답을 내놨고, 이 대답을 바탕으로 제품을 만든 것이다. AI는 시장 조사를 담당해줬을 뿐 아니라 꽤 흥미로운 마케팅 포인트까지 제공했다.

두 번째는 각종 자료 분석이다. 생성형 AI가 고도화되면서 인간의 감정이나 발화 분위기를 분석하기도 한다. 이제 인간의 감정을 파악할 수 있는 것이다. 특정 브랜드나 제품, 서비스에 대해 남긴 수많은 코멘트를 하나씩 모아 분석하면 유의미한 피드백을 얻을 것으로 보인다. 직접 이 과정을 진행하려면 수집부터 분석까지 꽤 오랜 시간이 걸리지만, 생성형 AI는 자료만 제시하면 빠르게 일을 처리해준다. 물론 유의미한 피드백만이 자료 분석의 전부는 아니다. 자료 분석은 당연히 가능하고, 좀 더 높은 차원의 분석도 가능하다. 예를 들면 타깃 고객의 특정 키워드, 접근 기록, 감정 표출 특성 등을 분석해 핵심 고객,

보통 고객, 관심 없는 고객으로 나눌 수 있다. 그러면 마케팅 메시지를 송출하는 빈도도 핵심 고객에게는 좀 더 많이 송출하고, 관심 없는 고객에게는 횟수를 줄일 수 있다. 실제로 이런 과정 덕에 높은 성과를 얻은 사례도 있다.

해외 화장품 업체에서도 생성형 AI를 활용해 제품과 브랜드에 대한 충성도를 측정한다. 생성형 AI가 분석을 통해 고객을 분류하면, 구매 가능성이 높은 고객에게 좀 더 확실한 메시지를 전달하는 식이다. 일명 광고 선별 노출인데, 이런 방식을 활용해 마케팅 과정이 좀 더 명확해졌다. 지금은 화장품 업체뿐만 아니라 다양한 업계에서 활용하고 있다.

현대홈쇼핑의 유튜브 원동력은 알고 보면
생성형 AI다.(출처: 현대홈쇼핑)

세 번째는 콘텐츠 생성이다. 이미지, 영상, 글을 비롯해 다양한 콘텐츠를 생성형 AI가 만들어준다. 실제로 AI가 만든 음악이 대회에서 상을 받기도 하고, AI가 만든 이미지가 광고에 활발하게 사용되기도 한다. 그만큼 생성형 AI가 가져온 변화는 콘텐츠 분야에 큰 영향을 미치고 있다.

현대홈쇼핑은 AI 기술에 기반해 홈쇼핑 방송과 라이브커머스 영상을 1분 내외로 줄여 자동으로 업로드하는 '숏폼 자동 제작 시스템'을 도입해 활용하고 있다. 그리고 이렇게 만들어진 영상을 자체 유튜브 채널인 '훅TV'에서 숏폼 콘텐츠로 제공한다. 직접 일일이 제작하려면 방송 영상 중 가장 인상적인 부분만 편집해야 해서 상당한 시간이 걸린다. 하지만 생성형 AI를 활용한 숏폼 생성 작업은 5분 내로 가능하다고 한다. 사람들이 관심 있어 할 만한 내용을 찾아내거나 포인트를 스스로 분석하는 능력도 뛰어나다. 콘텐츠에 대한 고민을 해결하고 꾸준한 운영 방식까지 만들어낸 의미 있는 사례라고 하겠다.

생성형 AI는 트렌드를
어떻게 바꾸고 있나?

트렌디한 방식의 생성형 AI 활용은 전반적인 트렌드를 어떻게 바꾸고 있을까?

먼저 집중력의 방향이 달라졌다. 나는 이 변화를 '선택적 집중'이라고 표현한다. 과거에는 모든 면에 집중해야 했다. 말하자면 A부터 Z까지, 쉴 틈 없이 집중해야 했다. 그렇다고 해서 현재의 트렌드가 집중을 필요로 하지 않는다는 뜻은 아니다. 대신 이제는 필요한 곳에만 집중하면 된다. 가장 중요하고 생산적인 곳에만 최대의 집중력을 발휘하면 된다는 말이다. 나머지 일은 생성형 AI가 해줄 것이다.

예를 들어 학교에서 특정 주제를 조사하고 의견을 더하는 과제를 받았다고 하자. 생성형 AI가 모든 해답을 줄 순 없겠지만, 최소한 조사는 도와줄 것이다. 생성형 AI가 조사한 내용에 좀 더 전문적인 정보를 더하고, 발전적인 의견을 내면 된다. 과거에는 직접 일일이 조사해야 했다면, 이제는 의견을 생각하는 일에만 집중하면 된다는 말이다. 회사에서 신제품에 대한 마케팅 계획을 수립할 때도 마찬가지다. 과거에는 상당한 시간이 걸렸지만 이제는 그렇지 않다. 시장 조사와 경쟁 제품군의 마케팅 활동에 대한 정보 수집은 생성형 AI에 맡기고 발전적 계획을 수립하는 창의적인 일에 집중하면 된다. 이렇듯 중요한 파트에 집중력을 쏟는 트렌디한 과업 수행이 가능하다. 그렇기에 선택적 집중인 것이다.

그렇다면 이런 선택적 집중은 어떤 면에서 좋을까? 과업 수행의 질이 달라진다. 꼭 직장인만이 아니다. 학생부터 자영업자, 모든 분야의 사람에게 적용된다. 과거에는 다양하고 잡다한 일을 모두 처리해야 해서 정작 집중해야 하는 일을 할 시간이 부족한 경우가 허다했다. 시간 관리뿐 아니라 우선순위를 설정하기도 어려웠다. 하지만 생성형 AI 덕분에 선택적으로 집중해 우선순위를 설정할 수 있으니, 결과물도 달라질 수밖에 없다.

한편 필요한 일에만 집중하니 그만큼 여력이 생긴다. 자연스럽게 활용할 수 있는 시간이 늘어나는 것이다. 과거에는 주어진 시간에 맞춰 어떻게든 겨우 일을 끝내는 경우가 많았다면, 이제는 시간이 남기도 한다. 이런 시간이 차곡차곡 모이면 마음의 여력과 의욕이 생긴다. 이는 워라밸(work-life balance)과 마찬가지로, 관심사를 지향할 여유를 준다. 좋아하는 취미 생활에 더 많은 관심을 기울이고, 스스로에게 더 많은 시간을 할애할 수 있다. 그러니 관심사를 바탕으로 한 취미 키워드가 발굴되면서, 그것에 돈을 쓴다. 이는 뒤에서 좀 더 상세히 설명할 예정이다. 중요한 사실은, 이런 관심사에 집중할 수 있도록 생성형 AI가 상당한 역할을 하고 있다는 것이다.

또 한 가지는 정보에 대한 접근성이 개선되는 것이다. 뉴미디어 시대가 열리며 정보가 홍수처럼 쏟아졌고, 수직적이었던 미디어 구조가 수평적으로 바뀌며 정보에 대한 환경이 개선되었으며, 누구나 정보를 만들고 송출하는 열린 플랫폼을 체감했다. 대표적으로 유튜브를 생각하면 좋다. 과거에는 매스미디어에서만 정보를 송출할 수 있었다면, 유튜브 환경에서는 모두가 가능하다. 정보를 소비할 수도 있지만, 스스로 정보의 중심이 될 수도 있다. 생성형 AI는 이런 환경에 도움을 주며, 정보의 접근성이 눈에 띄게 달라졌다.

요즘은 스마트폰 대기화면에서도 바로 챗GPT와 대화할 수 있다. 마이크로소프트가 서비스하는 코파일럿(Copilot)은 윈도우와 결합되어 있어서, 높은 보급률을 자랑하는 운영체제를 통해 클릭 한 번이면 생성형 AI와 대화하게 한다. 정보를 얻기 위한 과정이 매우 단축된 것이다. 애플 인텔리전스도 모바일 환경에서 접근할 수 있다.

이처럼 정보의 비대칭성은 뉴미디어를 통해 개선되었고, 생성형 AI라는 트렌드를 통해 다시 한번 새로운 모습을 보여준다. 이제는 누구나 원하는 정보를 손쉽게 얻을 수 있다.

더 많은 소비도 가능해진다. 소비에 가장 필요한 건 물론 돈이지만, 소비를 결정하는 데는 명분이 필요하다. 소비를 하는 이유는 정보를 뜻하기도 한다. 정보는 소비를 결정하는 수많은 요소 중 하나다.

이제는 여행 정보를 검색하기보다 '대화해야' 하는 시대다.(출처: 현대드림투어)

여행 업계를 살펴보면 이해가 될 것이다. 요즘에는 생성형 AI를 통해 여행 코스를 추천하고 맛집, 숙박업소 등을 알려주며 동선을 짜주는 서비스를 제공한다. 비자 안내 서비스도 있는데, 현대드림투어에서는 외교부와 국가별 대사관, 관광청, 출입국사무소 등이 제공하는 공공 데이터를 활용해 전 세계 193개국의 국가별 담당 AI를 학습했고, 최신 정보를 자동으로 업데이트해서 여행자에 맞춰 정보를 제공한다. 또한 비자 신청서, 출입국신고서, 세관신고서 등 출장이나 여행 시 필요한 각종 서류를 제공해 사용자의 편의성을 높였다. 이렇듯 여행에 필요한 모든 정보를 제공하는 방향으로 발전하고 있다. 이는 생성형 AI가 있어서 가능해졌다. 이렇게 다양한 정보를 손쉽게 접할 수 있다면, 여행을 떠나려는 동기가 주어질 것이다. 즉, 정보의 접근성 개선은 소비를 만들어내는 중요한 요소가 된다.

AI를 활용해 여행 정보를 찾다 보면 스스로에게 맞춰지는 최적화 지수가 올라간다. 예를 들어 애플 인텔리전스는 사용자의 생태계를 강조한다. 여기서 말하는 생태계란 애플이 만들어놓은 각종 제품의 연결 고리를 뜻하기도 하지만, 사용자가 애플 기기를 사용하는 환경을 뜻하기도 한다. 사람마다 애플 기기를 활용하는 방식이나 상황이 다르지만, AI는 이 상황에 맞춰 알맞은 해답을 제시하는 최고의 비서가 될 수 있다. 애플 인텔리전스는 이렇게 사용자의 상태를 이해하여 개인적인 맥락을 이해하고 답을 제시하며, 사용자의 시점에 따라 가장 어울리는 데이터를 검색해 보여준다. 사용자가 원하는 대로 흩어진 정보들을 찾아 새로운 답을 생성하기도 한다. 여기저기 기록된 하루의 일정을 모아 스케줄을 짜주는 기능이 그 예다. 이 정도면 하늘 아래 같은 AI는 없을 수도 있다는 말을 충분히 할 수 있겠다.

이제껏 지배적인 서비스에 자신을 맞춰가며 살아왔다면, 챗GPT와 애플 인텔리전스가 열어젖힌 트렌드에 따르면 더 이상 어딘가에 맞출 필요가 없다. AI가 내게 맞춰 모든 걸 제공할 것이기 때문이다.

돈 이야기는
챗GPT랑 하라고?

이렇게 달라진 트렌드에서 어떤 부분을 받아들이고, 또 어떤 점에 유의해야 할까? 이미 제시한 트렌디한 활용법 외에도 생각해봐야 할 부분은 많다.

일단 돈 이야기는 챗GPT를 비롯한 생성형 AI와 하는 것이 좋다. 이게 도대체 무슨 뜻일까? 챗GPT가 돈을 주는 것도 아니고, 어디서 자금 담당을 모셔 오는 것도 아닌데 말이다. 사실 일상적으로 돈과 관련된 이야기를 많이 접한다. 단순히 돈 자체에 관한 이야기일 수도 있지만, 스스로 가지고 있는 경제적 목표에 대한 인사이트일 수도 있다. 예를 들어 신용점수 확인 서비스를 들 수 있다. 신용점수뿐만 아니라 연령대 평균 대출 금액까지 알려주는데, 이런 것이 경제적 인사이트다. 한편 특정한 지역에 특정한 업종을 창업하고 싶은 사람이 있다고 가정해보자. 그에게는 창업 자금이 가장 중요한 돈 이야기겠지만, 그 업종에서 다른 사람들이 수익을 내고 있는지도 중요한 돈 이야기다. 그리고 상권 분석에서는 평균 매출과 같은 또 다른 돈 이야기를 살펴봐야 한다. 이런 것은 생성형 AI에 물어보면 좋다. 각종 데이터를 가지고 있기 때문이다.

가까운 지인 중에 기업 내부적으로 SNS에 광고를 집행하려고 하는데, 그 광고비 평균치를 몰라 고민하는 사람이 있었다. 막연히 시작하면 쓸데없이 낭비할 것 같아 걱정되었던 것이다. 그래서 비용을 정확하게 설정하려고 하니 자료가 없었다. 그렇다고 경쟁 업체에 전화해서 SNS에 광고비를 얼마나 쓰는지 물어볼 수는 없는 일 아닌가. 나는 생성형 AI에 물어보라고 조언해주었다. 물론 정확도는 100%가 아니겠지만, 각종 미디어를 통해 수집된 광고비 자료를 분석하여 대략적인 평균치는 알려준다. 그러니 이런 수치는 생성형 AI에 물어보면 된다.

실제로 AI를 활용한 전반적인 사업, 경영 솔루션이나 비즈니스 전반에 대한 정보 등은 이제 쉽게 얻을 수 있는 서비스다. 다만 이런 서비스에 접근하기가 어려운 상황도 있을 테니 각자의 상황에 맞춰 필요도를 판단하면 좋을 것이다. 어쨌든 복잡하지 않은 부분은 생성형 AI를 통해 충분히 의미 있는 인사이트를 뽑아낼 수 있다.

사업이나 비즈니스와 연관된 돈 이야기만이 아니라 앞으로 돈을 벌 상황에 대해서도 이야기할 수 있다. 예를 들어 취업을 위해 공고나 관련 정보를 열심히 찾아다녔다면, 이제는 생성형 AI에 지금 자신이

지원하고 싶은 직종이나 분야의 취업 공고를 낸 회사를 물어볼 수 있다. 각종 금융 정보도 좋다. 자신에게 필요한 상품이나 대출, 각종 연관 정보를 생성형 AI를 통해 찾아낼 수 있다.

알파세대는 어렸을 때부터 경제적 관념이 뛰어나며 돈을 버는 일에 관심이 많다. 그래서 직접 정보를 발굴하고 경제생활에 뛰어든다. 이 과정의 일정 부분을 생성형 AI가 대신할 수 있으며, 앞으로는 아예 돈 이야기는 종합적으로 생성형 AI와 나누는 환경을 제시하는 트렌드가 다가올 것이다. 그러니 미리 대비하고 고민해야 한다.

물론 돈과 관련해서만 생성형 AI를 활용할 수 있는 건 아니다. 콘텐츠 생성에도 큰 도움을 받을 수 있는데, 특히 이미지나 영상 외에

글을 전반적으로 생성형 AI가 담당한다.(출처: 네이버)

도 텍스트형 콘텐츠에 활용이 가능하다. 단순하게 글을 써달라거나 요약해달라는 방식의 활용은 다소 평면적이다.

네이버의 '하이퍼클로바X'는 글 콘텐츠와 관련해 많은 기능을 제공한다. 글뿐 아니라 제목까지 책임지니, 창작자가 전반적으로 활용하기에 좋은 도구로 확장하고 있다. 이는 점점 발전해서 전문적인 분야에 대한 글의 요약과 소제목 같은 후속적 사항까지 해결이 가능해지고 있다. 그러니 비즈니스 차원에서 접근하는 글이나 마케팅 용도의 글, 포스팅형 마케팅 콘텐츠는 생성형 AI로 큰 도움을 얻을 수 있다.

하지만 이것만으로는 아쉽다. 생성형 AI는 학습 기능이 있다. 딥러닝을 활용해 계속해서 자료를 학습하면, 더 심도 있는 대답을 얻을 수 있다. 생성형 AI의 학습 능력은 문체나 스타일 방면에서도 도움이 될 수 있다. 만약 업무의 연속성이 필요한데, 전임자는 자리를 떠났고 후임자가 들어왔다. 그런데 전임자와 후임자의 포스팅 스타일이 다르다면, 전임자의 스타일을 AI가 충분히 학습하게 하여 후임자에게 가이드를 만들어줄 수 있을 것이다. 물론 새로운 정체성으로 기존에는 없던 방향성을 추구할 수도 있다. 하지만 업무의 연속성과 효율성을 고려할 때 무조건 새로운 방향이 답이 될 수 없는 순간도 분명 있다. 이런 경우에는 생성형 AI를 활용해 최대한의 연결성을 구현할 수 있을 것이다.

생성형 AI 절대 신뢰가 위험한 이유, '나'를 중심으로 생각하라

물론 생성형 AI를 활용하는 데 장점만 있는 건 아니다. 여러 가지 아쉬운 점이 있겠지만, 특히 창의력 면에 의문을 가지고 있다. 사실 생성형 AI는 '사고'하는 존재가 아니므로, '사고'하지 않는 존재를 지나치게 신뢰하면 '사고'로 이어질 수도 있다. 트렌드의 측면에서 본다면 가장 최전선에 위치한 키워드이지만, 절대적으로 신뢰할 수는 없다. 왜 그럴까?

AI는 판단 기준이 부족하면, 부족한 상태에서 멋대로 판단하고 자신이 옳다고 우긴다. 이런 환각 현상은 여러 면에서 해결하려 노력하고 있고, 생성형 AI가 첫 등장했던 시점에 비해서는 많이 개선되었다. 하지만 문제는 다른 곳에 있다. 생성형 AI는 방대한 자료를 학습하는데, 그 기준이 정확하지 않을 때도 있다. 그러면 원하는 수준의 답변에는 도달하지 못할 수 있다는 것이다.

예를 들어 취업 포트폴리오를 위해 열심히 블로그를 운영하다가 새로운 포스팅 주제를 고민하던 차에 생성형 AI에 아이템을 물어보았다고 하자. 생성형 AI는 막힘없이 몇 가지 주제를 제시했다. 생성형 AI는 블로그 아이템에 관해 긍정적 정보와 마찬가지로 부정적 정보도 가지고 있을 것이다. 그러니까 잘된 케이스와 잘되지 못한 케이스를 모두 학습한다. 그러니 원하는 답을 얻을 가능성은 떨어질 수 있다. 특정 주제에 대한 적응도 문제가 될 수 있다. 생성형 AI는 주제별로 정보를 학습할 수 있지만, 분야가 넓어지고 주제가 광범위해지면 애매한 대답을 내놓을 것이다. 그러므로 전략적인 질문 방식을 고민하지 않으면, 생성형 AI를 제대로 활용하지 못할 것이다.

또 다른 상황도 있다. 이런 질문을 한 사람이 한 명뿐이지는 않을 것이다. 세상을 넓고 사람은 많으니 분명 유사한 질문을 한 사람들이 더 있을 텐데, 그렇다고 해서 유사한 질문을 던진 사람들이 모두 완벽하게 다른 답을 들었을 리는 없다. 그렇다면 콘텐츠가 비슷해졌을 것이다.

그래서 나는 늘 스스로를 중심으로 생각하라고 조언한다. 생성형 AI가 답한 대로 따라갈 필요는 없으며, 최종 주도권은 나에게 있어야 한다. 생성형 AI의 답을 바탕으로 나의 생각과 창의력을 더해야 한다. 나는 '사고'하는 사람이다. 사고하지 않는 존재에 주도권을 쥐어줄 필요는 없다.

결국 생성형 AI 트렌드의 중심은 자신이 되어야 한다. Z세대는 자기 자신을 잘 알고, 알파세대는 성장하면서 자신을 탐구한 세대다. 생성형 AI를 최대로 활용하려면 트렌드에 적용해야 하지만, 그 중심에 자신이 없다면 오히려 트렌드에 적응하긴 어렵다. 또한 아무리 뛰어난 생성형 AI라고 해도 특별한 정체성을 만들고 타인과 차별화된 결과물을 만들어내는 주인공은 바로 자신이라는 점을 염두에 두어야 할 것이다.

CONSUMPT

PART 2

웰니스, 건강 우선주의

ONTRENDS

건강에 모든 걸 걸었다?!

언제부터인가 부모님의 건강이 염려되기 시작했다. 물론 지병 하나 없을 정도로 건강하시지만, 나이가 들어가니 관리를 더 잘하면 좋겠다는 생각이 들었다. 그래서 가끔 마시는 탄산음료를 제로 음료로 바꿨고, 소주도 당을 뺀 제로 소주로 사드렸다. 심지어 주전부리도 제로 제품을 찾아드렸다. 그러던 어느 날, 아버지가 한마디 하셨다.

"또 제로야? 요즘은 제로 아닌 거 찾기가 더 어려운 거 아니니?"

어쩌면 맞는 말인지도 모르겠다. 2023년 하반기 이후로 편의점 채널에서 판매되는 매출의 절반 이상이 제로 제품이다. 그러니 기업에서도 당연히 제로 제품에 관심을 둘 수밖에 없다. 이런 상황이다 보니 어떤 코미디 유튜브 채널에서는 가까운 미래에 너무나도 귀해진 일반 콜라를 찾아 헤매는 에피소드를 만들기도 했다. 웃으면서 봤지만, 정말 그럴지도 모르겠다는 생각이 머리를 스쳤다.

이렇듯 제로 제품이라는 흐름을 선도하는 트렌드는 웰니스 (Wellness)다. 정신적, 신체적 건강 상태를 유지해 더 나은 삶을 지향하는 것을 뜻한다. 건강에 대한 고민을 소비에 반영하는 모든 움직임이 여기에 포함된다. 또한 정신적인 건강을 위해 하는 행동이나 소비도 웰니스의 범주에 속한다. 예를 들어 머리를 식히기 위해 주말여행을 떠나거나 가까운 도심에서 호캉스를 즐기며 재충전의 시간을 보내는 것도 웰니스다. 정신 건강을 위해 투자한 시간과 비용이니 말이다.

예전에는 건강 보조 식품을 사거나, 운동을 위해 헬스장을 찾는 등의 소비만 건강에 도움이 된다고 생각했다. 그만큼 소비할 수 있는 분야나 주제가 다양하지 못했다. 이제는 웰니스가 핵심적인 트렌드로 떠올랐고, 일상을 파고드는 라이프 스타일을 형성했다. 과거 유사한 트렌드로 평가받던 필(必)건강, 헬시플레저(Healthy Pleasure)와는 또 다른 모습으로 소비에 영향을 미치는 것이다. 필건강 트렌드는 건강을 먼저 생각하는 것으로 주로 팬데믹 시기에 영향을 줬다. 헬시플레저 역시 좀 더 오래가는 관리를 추구하는 방식으로, 대체 식품과 같은 카테고리에서 주목하는 트렌드였다. 하지만 둘 다 전반적인 라이프 스타일에 변화를 주거나, 행동 하나하나에 영향을 미치기에는 무리가 있었다.

이런 상황에서 등장한 웰니스라는 개념을 통해 소비를 좀 더 입체적으로 이해할 수 있다. 건강을 위한 행동부터 자기 자신을 돌보는 모든 것을 포괄하는 트렌드를 설명할 수 있기 때문이다. 필건강이나 헬시플레저는 굳이 말한다면 웰니스의 하위 개념 중 하나인 셈이다.

제로, 모든 것이
0에 수렴하는 시대

웰니스의 대표적 방향성은 제로 열풍이다. 탄산음료부터 시작된

제로 시대는 이제 모든 걸 아우를 만큼 거대한 태풍이 되어 트렌드에

당뇨로 고생하는 사람들에게 제로 식혜는
즐거움을 주었다.(출처: 팔도)

영향을 주고 있다.

그중에서 식혜도 제로 제품으로 나왔는데, 맛에 대한 평가는 사람마다 달랐다. 하지만 당뇨로 고생하는 부모님이 좋아하셨다는 평가가 퍼지며 꼭 필요했던 제품이라는 반응이 이어졌다. 그래서 그런지 출시 50일 만에 300만 개를 넘게 팔아치웠다. 이 수치는 팔도 측이 초기에 예측한 판매량의 4배를 뛰어넘는 수준이었다고 한다. 그만큼 반응이 좋았다는 뜻이다. 물론 제로 제품의 맛이 궁금했던 사람도 있었을 테고, 할매니얼 트렌드가 가져온 전통 간식류에 대한 관심에 동참하기 위해 마셔본 사람도 있었을 것이다. 어쨌든 제로 제품에 대한 사람들의 관심이 뜨겁다는 사실은 확실히 입증되었다.

주류 역시 제로에 반응하고 있다. 무알코올 맥주는 이미 꽤 오래되었고, 당류를 없앤 제로 소주가 연달아 출시되고 있다. 최근에는 와인이나 하이볼도 제로 제품이 나온다. 특히 맥주나 소주에만 집중되었던 제로 흐름이 와인이나 위스키와 같은 마니아층까지 번지고 있다는 건 의미가 크다. 그만큼 대중이 원하고, 이에 기업이 반응한다는 뜻이기 때문이다.

이뿐만이 아니다. 당류를 뺀 디저트도 큰 시장을 형성하고 있고, 제로는 아니지만 탄수화물을 제로에 가깝게 줄인 대체면 시장도 매년 성장하고 있다. 식음료 업계에서 제로가 공식처럼 여겨지고 있다.

다만 웰니스 트렌드의 제로 개념은 식품에만 해당되지 않는다. 비건 뷰티 역시 웰니스 시장에서 생각할 수 있는 제로의 영역이다. 비건 뷰티란 제품 생산 과정이나 유통, 재료를 투명하게 공개하는 뷰티 제

뷰티 시장에도 제로가 있다.(출처: 삼양사 어바웃미)

품을 가리킨다. 특히 피부에 좋지 않은 영향을 미치는 원료를 제로에 가까운 수준으로 줄이는 게 핵심이다. 그래서 '비건'이라는 단어가 붙는 것이다. 비건 뷰티 시장은 2032년이 되면 전 세계적으로 325억 달러가 넘을 것이라는 전망이 나온다. 국내에서도 매년 6% 이상의 성장세를 보이고 있다. 그중에서도 올리브영은 외부 기준을 활용해 자체적으로 비건 뷰티 마크를 부여하며 중요한 영역으로 판단하고 있다.

이처럼 엄청난 시장이 제로라는 개념을 바탕으로 성장하고 있다. 제로로 대표되는 웰니스 영역의 중요한 일부분이라고 할 수 있을 것이다. 그렇다면 제로는 도대체 왜 이렇게 열풍을 일으키는 걸까? 제로 제품은 기본적으로는 '대체'의 성격이 강하다. 필요해서 구매했던 기존 제품을 적정한 수준에서 대체하고 있는 것이다. 탄산음료는 이미

제로 음료를 많이 즐기고 제로 식품이나 뷰티 제품 또한 그렇다.

이렇게 쉽게 소비하던 제품은 새로운 개념이 나오면 더 이상 소비하지 않는 게 아니라 대체한다. 생존의 문제는 아니지만, 필수적인 제품에 가깝기 때문이다. 이렇게 생활에 가까운데 건강에 도움이 된다고 하고 가격 역시 크게 차이가 나지 않으니 선택하지 않을 이유가 없다. 접근성이 좋은 아이템은 눈에 자주 들어오니 색다른 도전을 하기도 쉽다. 제로 제품은 훌륭한 접근성을 바탕으로 건강에 대한 패러다임과 맞물려 폭발적인 수요를 형성했다고 봐야 한다.

두 번째는 새로운 경험에 대한 니즈다. 제로 제품을 처음 접하는 이유는 여러 가지지만, 대표적인 이유는 맛에 대한 호기심이다. 기존에는 당이 들어간 제품을 먹었지만, 제로 제품이 나오면 당이 없어도 똑같은 맛이 날지 궁금해 소비하는 경우가 꽤 많다. 주류 역시 마찬가지다. 당류가 없어도 그 맛이 날지 궁금해한다. 소비해보고 충분한 만족감을 느꼈으면 계속 소비하고, 그렇지 않으면 소비는 이어지지 않을 수 있다. 제로 제품은 그 자체로 새로운 경험이므로 호기심을 충족할 가능성이 크다.

웰니스 측면에서도 비슷하다. 과거에는 건강을 조금 덜 중요시했다면, 이제는 건강에 대한 니즈가 높아져 제로 제품을 찾아 새로운 경험을 한다. 소비로 얻는 즐거움은 다양할 수 있는데, 이 중 웰니스 측면을 만족시키면 가격과 성능에만 집중했던 과거에는 느낄 수 없었던 만족감을 더할 수 있다. 소비가 주는 만족감의 새로운 측면 역시 경험의 일부다.

제로가 아닌 제품보다 제로 제품을 살 때 괜스레 안도감을 느끼는 경우가 많다. 건강에 조금이나마 도움이 될 것이라는 생각 때문이다. 하루를 보내며 건강에 도움이 되는 일을 실천했다는 뿌듯함도 든다. 이것도 소비가 주는 새로운 만족감을 경험하는 방식이다. 그러니 결론적으로 제로라는 단어는 상품의 정체성 면에서도, 소비라는 결과적 측면에서도 새로운 경험이다.

세 번째는 포트폴리오 확장을 반영하기에 용이하기 때문이다. 상품은 모두 포트폴리오가 있다. 하나의 상품으로 모든 결과를 내는 경우도 있지만, 트렌드가 바뀌며 그런 경우는 거의 없다.

한류의 맛(출처: 코카콜라)

코카콜라는 대표성을 가질 정도로 존재감이 큰 제품이라 고민할 필요가 없을 것 같지만, 제로 제품에 특정한 맛을 부여하기도 하고 카페인 프리 제품을 내놓기도 한다. 컬래버레이션을 통해 적극적으로 한정판을 내기도 하는데, 그중에서도 한류의 맛은 상당한 화제를 모으기도 했다. 한류의 맛에 대한 평가는 사람마다 다르겠지만, 중요한 건 다양한 포트폴리오를 구성하는 데 제로 제품이 동원되었다는 사실이다. 꼭 제로 제품일 필요는 없지만 포트폴리오 구성에 상당한 도움을 준 건 확실하다.

트렌드는 취향에 따라 움직인다. 사람들은 굳이 자신의 취향을 감추려 하지 않고, 타인의 취향을 적극적으로 인정한다. 이런 상황에서, 제품 한 개로 모든 걸 해결하는 건 한계가 있다. 다양한 취향과 생각을 담아낼 수 없기 때문이다. 그러려면 포트폴리오를 지속적으로 구축해야 하고, 제로 제품은 이 행보에 적극적인 아이디어를 제공한다.

이처럼 제로 열풍의 이면에는 다양한 이유가 있다. 트렌드나 기업 마케팅도 그 이유이지만, 중요한 점은 제로의 본질이 웰니스에 수렴한다는 것이다. 다양한 트렌드를 이해하는 건 좋지만, 웰니스라는 본질은 놓치지 않아야 한다.

올리브영은 왜 앱에
헬스 전문관을 만든 걸까?

웰니스 트렌드를 살펴볼 때 반드시 생각해야 할 부분이 바로 H&B(Health & Beauty) 스토어다. 헬스와 뷰티를 동시에 다루는 용어인데, 건강과 뷰티 제품을 함께 판매하는 스토어를 가리킨다. 상당히 치

가장 가깝게 만날 수 있는 영역에서 헬스가 눈에 들어온다.(출처: 올리브영)

열한 시장 경쟁을 통해 올리브영이 압도적인 존재감을 드러내는 분야이기도 하다.

중요한 건 H&B 스토어의 대표라 할 만한 올리브영이 돌고 돌아 과거로 돌아갔다는 사실이다. 웰니스 트렌드에 꺼내든 '헬스플러스'라는 서비스를 살펴보자. 앱에 있는 웰니스 전문관인데, 직관적이라 쉽게 접근할 수 있다. 그래서 성별, 연령, 건강 상태, 효능 등 다양한 기준에 따라 건강 기능 식품을 검색할 수 있다.

돌고 돌아 과거로 돌아갔다고 한 건, 이것이 처음은 아니기 때문이다. 팬데믹 때를 생각해보자. 건강에 대한 관심이 급격하게 높아지며 건강 관련 제품이나 서비스가 쏟아져 나왔다. 이때 올리브영 역시 건강 기능 식품에 큰 관심을 보이며 영역을 확장했다. 하지만 팬데믹이 끝나고 다시 뷰티 제품 수요가 늘었다. 그러니 지금의 웰니스 트렌드에 따른 변화는 과거로 회귀하는 느낌이 강하다. 국내외 통계를 살펴보면, 국내 건강 기능 식품 시장 규모는 약 6~7조 원으로 앞으로 10조 원대 시장으로 성장할 것이라는 예측이 지배적이다. 웰니스 트렌드 때문이다. 이렇게 관심이 더해지니 소비가 집중될 테고, 유통 업계에서는 움직임을 보일 수밖에 없다. 그래서 올리브영 역시 다시 건강으로 돌아가고 있는 것이다.

그렇다면 웰니스로 트렌드가 이동하는 이유는 무엇일까? '나'에 주목하기 시작했기 때문이다. 자기 자신보다는 공동의 이익을 먼저 생각하는 환경에서 살아왔고, 장년층은 더욱 그렇다. 회사의 이익을 먼저로 여기고 휴가조차 마음대로 내지 못했던 세대다. 가족이 행복

한 게 먼저라서 자신을 희생했다. 그러니 장년층은 자신이라는 존재
는 진지하게 고민할 틈조차 없었다.

하지만 MZ세대가 등장했다. 그들은 공동의 이익만큼이나 자신
의 니즈를 생각한다. 회사에 눈치 보느라 휴가를 못 쓰는 일은 없고,
가족의 행복만큼이나 자신의 행복을 챙긴다. 그래서 가족이 함께 쓰
는 가전보다 각자 쓰는 가전제품이 늘어난다는 통계도 있다. 예를 들
어 TV나 냉장고는 함께 쓰는 가전이지만, 블루투스 이어폰이나 스마
트폰, 뷰티 관련 기기와 같은 제품은 각자 쓰는 가전제품이다. 이처럼
자신이라는 존재에 더 신경 쓰기 시작했다.

이런 흐름은 알파세대로 이어진다. 알파세대는 애초에 자신이 가
장 중요하다. 어렸을 때부터 뉴미디어에서 자신이 좋아하는 것을 보
고 자랐다. 부모에게 자신의 니즈를 강하게 피력하는 환경에서 자라
난 알파세대는 자신의 존재감이 약해지는 걸 좋아하지 않는다. 이러
한 트렌드의 변화를 보면 자신을 생각할 때 가장 중요한 게 무엇이겠
는가? 근본은 건강이다. 건강하지 못하면 스스로에 대해 생각할 시간
조차 얻기 어렵기 때문이다. 그러니 웰니스가 힘을 얻을 수밖에 없는
것이다.

한편 웰니스가 목표를 이루는 원동력이 된다는 사실 때문에 주목
하고 있다. 이제는 잘 놀고 잘 일해야 하는 시대다. 자기 발전을 추구
하며 끊임없이 앞으로 나아가야 하고, 스스로 설정한 목표에 도달하
기 위해 다양한 정보를 활용해야 한다. 그런데 애초에 건강하지 못하
면 잘 놀 수도, 발전을 추구할 수도 없다. 잘 놀려면 건강해야 하고, 잘

벌려면 건강해야 한다. 웰니스는 매우 근본적인 요소다. 그러니 앞만 보고 달리던 세대가 잊고 있던 근본적 해답을 이제야 찾은 것이다.

세 번째로는 자기 자신에 대한 관심을 나타내는 방식이다. 첫 번째와 두 번째 이유와 연결되는 지점도 있는데, 웰니스는 자신에 대한 관심을 드러내는 한 가지 방식이다. 물론 웰니스를 추구하지 않는다고 해도 스스로에게 관심이 없는 것은 아니다. 하지만 자기관리가 일상이 된 만큼, 웰니스를 추구하면서 스스로 '관리하는 사람'이라는 메시지를 발신하고 싶은 사람들이 많을 것이다. 자신이 속한 공동체에서도 이런 이미지를 보여주고 싶을 것이다. 그래서 SNS에 '오운완(오늘 운동 완료)'을 올리며 웰니스를 추구하고 있다는 사실을 알리고 싶

장도 보고 달리기도 한다니,
웰니스 아닌가?(출처: 우아한형제들)

어 한다. 웰니스란 관리하는 사람, 스스로를 챙기는 사람으로 브랜딩하는 좋은 수단이 된다.

배달의민족을 운영하는 우아한형제들에서 상당히 재미있는 이벤트를 연 적이 있다. 신체적 건강도 챙기고 스트레스가 해소되어 정신적 건강을 유지하기도 좋은 달리기에 자사가 서비스하는 장보기를 결합한 것이다. 참가자들은 러닝 코스에 마련된 팝업 공간에서 준비된 장바구니에 원하는 물건을 담고 5킬로미터를 완주했다. 웰니스 트렌드를 반영한 특별한 이벤트였다.

주목할 점은 달리기 행사에 참여한 사람들의 행동이다. 달리기에 집중한 사람들도 있지만, 대부분은 그 과정을 SNS에 올리거나 완주 후 받은 메달이나 상품을 인증하기도 했다. 수상하지 못해도, 자신이 건강을 챙기는 모습을 보여주기 위해 SNS를 활용했다. 이는 과시라기보다는 SNS를 통해 자신이 원하는 이미지를 만드는 것이다. 어쩌면 웰니스는 개인이 택할 수 있는 가장 발전적이고 긍정적인 브랜딩이 아닐까 싶다.

04

MZ세대가 9시에
잠자리에 드는 이유

어릴 적에 나는 늦게 자는 걸 좋아했다. 늦게까지 게임도 하고, TV도 보며 놀고 싶었기 때문이다. 그런데 9시가 넘으면 어머니는 들어가 자라고 하셨다. 그래서 9시만 되면 나는 꿈나라로 가야 했다. 아마 어린 시절에는 대부분 늦게 잠들고 싶었을 것이다. 세상에는 재미있는 게 너무 많고, 하고 싶은 것도 많다. 그러니 9시 취침은 가혹한 현실이었다. 그런데 요즘 MZ세대는 스스로 알아서 9시에 잠자리에 든다고 한다. 과거보다 재미있는 게 더 많아졌는데도 말이다.

〈월스트리트저널〉은 9시라는 상징적인 숫자를 사용해 지금의 트렌드를 진단한 적이 있다. 미국의 10대와 20대가 가장 선호하는 취침 시간이 9시라는 기사를 낸 것이다. 실제로 미국 침대 제조업체 슬립넘버가 고객 200만 명을 대상으로 조사한 결과, 18~34세 고객은 평균적으로 밤 10시 6분에 잠자리에 들었다. 9시까지는 아니지만, 취침 시간은 상당히 빨라졌다.

일찍 잠들면 늦게 잠드는 것보다 몸이 개운하다. 그러니 자연스레 생산성이 올라가고 피곤함이 줄어들어 삶의 질이 높아졌다고 느낄 수 있다. 정신적으로도 좀 더 편안하다. 실제로 미국에서는 식당 예약 시간이 초저녁으로 앞당겨지고, 공연 예약 시간도 초저녁이 주류를 이루는 등 변화가 나타나고 있다고 한다. 이런 트렌드가 알파세대에도 영향을 미치면 게임이나 메신저 접속 시간이 바뀌는 등 새로운 흐름이 나타날 것이다.

사실 일찍 잠드는 건 딱히 큰 노력이 필요한 것도 아니고 비용이 많이 들지도 않는다. 그저 취침 시간만 바꾸면 된다. 이렇듯 웰니스는 작은 것을 바꿔가며 적응하는 트렌드다.

저당 아이스크림의 열풍은 실천 가능한 소비다.
(출처: 라라스윗)

얼마 전 저당 아이스크림의 열풍이 대단했다. 편의점에서 판매 1위를 한 건 물론이고, 한때는 품귀 현상까지 일어났다. 맘 편히 먹을 수 있는 초코 아이스크림이라는 이야기가 퍼지며 SNS에서도 반응을 얻었는데, 심지어 베트남에서도 초도 물량이 1주일 만에 완판되는 현상을 일으켰다. 일찍 잠드는 것과 마찬가지로 실천하기 쉽고 일상에서 작은 것을 바꾸면 경험할 수 있는 웰니스 트렌드다.

물론 이런 작은 움직임이 건강 상태를 담보할 순 없지만, 적어도 한 가지는 바꿨다는 뿌듯함을 느끼며 더 큰 변화를 도모할 환경을 조성한다. 만약 실천 방식이 복잡하고 어려웠다면 어땠을까? 극단적으로 무언가를 제한하거나 하지 않으며 건강을 관리하는 건 불가능에 가깝다. 그러니까 웰니스는 실천하기 어려웠다면 트렌드의 전면에 등장하지 못했을 것이다.

그런데 MZ세대와 알파세대가 하루 종일 건강만 챙기는 게 아닌데 어떻게 트렌드가 될 수 있느냐며 오해하는 사람들이 많다. 이 물음은 애초에 잘못됐다. 하루 종일 건강만 부르짖는 게 아니다. 일상의 모든 부분을 건강에만 초점을 맞추는 것도 아니고, 건강이 모든 가치를 이길 정도로 삶의 기준인 것도 아니다. 웰니스에 관심 많은 사람이라고 해도 회사 회식 때문에 저녁을 많이 먹고 술도 많이 마실 수 있다. 그러면 회식 다음 날은 칼로리가 낮은 음식을 찾거나, 당이나 탄수화물이 적은 로 푸드(Low Food)를 먹는다. 아이스크림을 좋아한다면 저당 아이스크림을 섞어 먹는다. 매번 당이 높은 아이스크림을 먹는 것보다는 나을 것이라고 믿기 때문이다.

이처럼 웰니스는 건강만 추구하는 게 아니라 환경을 조금씩 바꾸거나 소비 선택을 다르게 하는 실천에서 출발한다. 그렇기에 웰니스는 추구하기 쉽고, 다양한 방향으로 나타날 수 있다. 9시에 잠드는 것도 작은 실천으로 가능하다. 즉, 이 트렌드는 모든 측면에서의 건강이 아니라 일상을 바꾸고 가볍게 실천할 수 있는 다양한 아이디어를 제시하는 것이라고 할 수 있다.

한 끼만 바꾸면 OK?!(출처: 서브웨이)

서브웨이에서는 컵 샐러드를 출시해 좋은 반응을 얻은 적이 있다. 출시하자 한 달 만에 누적 판매량 5만 개를 넘어섰다. 복잡한 식단이라면 과연 좋은 결과를 얻을 수 있었을까? 한 끼만 간단히 대체하면 된다는 가볍고 간편한 접근성이 반응을 이끌어낸 것이다. 웰니스 트렌드에 발 빠르게 움직인 서브웨이의 적응이 돋보인 사례다.

시끄러운 퇴사,
조용한 퇴사를 이겨내다?

웰니스는 정신적인 건강 상태를 포함하는 개념이다. 정신적으로 건강하지 못하면 생산성을 높이기 어렵다. 예를 들어 신체는 건강해도 정신적으로 번아웃을 맞이하면 쉬어야 한다. 재충전하는 기간에는 생산성이 떨어진다. 만약 중요한 일을 계획해두었다면 상당히 힘든 상황이 된다. 그래서 정신 건강을 위해 명상으로 머리를 비우기도 하고, 상담 클리닉을 방문해 마음을 안정시키기도 한다.

그러면서 등장한 색다른 웰니스의 방법이 바로 시끄러운 퇴사다. 시끄러운 퇴사란 말 그대로 퇴사의 이유를 시끌벅적하게 설명하는 것이다. 퇴사의 결정적 사유는 다양할 텐데, 회사에서 부당한 대우를 당했을 수도 있고 워라밸이 제대로 이뤄지지 않아 늘 피곤한 상태였을 수도 있다. 이런 상황을 SNS를 통해 적극적으로 호소하는 것이다. 실제로 틱톡이나 릴스, 쇼츠와 같은 플랫폼에 퇴사하는 과정을 보여주며 하나의 현상이 되었다. 갤럽에서 발표했던 글로벌업무환경보고서를 살펴보면, 세계적으로 직장 근로자의 18%는 시끄러운 퇴사자에 해당한다는 통계가 있다. 또한 퇴사를 뜻하는 'lay off'라는 단어를 검색해보면 정말 많은 수의 게시물을 찾을 수 있다. 사직서를 가슴에 품고 산다는 말은 이제 옛말이 된 것 같다.

왜 시끄러운 퇴사가 트렌드가 된 걸까? 적극적으로 표현하면 스트레스가 줄어들고, 속이 후련해진다. MZ세대는 참는 것을 미덕이라 생각하지 않는다. 알파세대는 더욱 그렇다. 집에서도 할 말은 하고 자란 세대다. 알파세대가 직장에 들어가면, 시끄러운 퇴사는 트렌드가 아니라 퇴사의 일반적인 방식이 될 것이다. 자신이 가장 하고 싶은 말을 하는 건 웰니스를 유지할 수 있는 좋은 방식이기 때문이다.

물론 이런 행태가 기업 입장에서는 상당히 부담이 될 수도 있겠다. 좋지 않은 내부 이슈가 외부로 알려질 수 있으니 말이다. 하지만 긍정적으로 본다면 기업을 더 나은 방향으로 이끄는 기회가 될 수도 있다. 기업 자체의 웰니스를 추구할 기회도 된다는 뜻이다.

또 다른 이유는 SNS에서 쏟아지는 반응 때문이다. 반응을 위해 퇴사한다는 말은 아니지만, 반응은 힐링의 한 가지 방식일 수 있다. 시끄러운 퇴사 영상에는 대부분 댓글이 많이 달린다. 주변 사람들도 응원의 메시지를 보내고, 게시자와 잘 모르는 사람들도 위로를 건넨다. 시끄러운 퇴사를 단순한 살풀이로 오해하는 사람들이 많은데, 자신이 왜 퇴사할 수밖에 없었는지, 퇴사를 선택한 시스템적 문제는 무엇인지 지적하는 경우가 많다. 회사 입장에서는 미래를 위해 꼭 바꿔야 하는 요소일 수 있다. 단순한 화풀이가 아니니 공감하는 사람은 더 많다. 같은 문제를 겪었다면 더 많이 공감한다. 그러니 SNS에서 소통하며 새로운 이야기들을 만들어낼 수 있다. 뉴미디어 시대의 환경이 시끄러운 퇴사에 영향을 미친 면도 있다.

그렇다면 웰니스는 SNS를 통하면서 더 많은 의미가 있을까? 적어도 SNS의 특성이나 MZ세대, 알파세대의 성격을 고려한다면 그렇다고 볼 수 있을 것 같다. 혹자는 MZ세대와 알파세대가 소통을 딱히 좋아하지 않는다고 하지만, 소통에 대한 니즈가 많다. 불특정 다수와 가벼운 소통을 하기도 하고, 관심사가 일치하는 소수와 밀도 있게 소통하기도 한다. 웰니스와 연관된 이야기들은 SNS를 통해 더 의미를 가진다. 운동 과정을 인증하고, 식단을 인증하고, 자신의 변화를 인증하기 때문이다. 이런 과정을 통해 웰니스에 대한 의지를 다진다. 또한 소규모 커뮤니티를 통해 서로 격려하기도 한다. 러닝 크루 같은 모임이 대표적이다. 웰니스를 추구하는 사람들끼리 모여 서로를 격려하고, SNS를 통해 활동을 공개한다. 이 과정은 비대면으로도 가능하다. 단톡방 등의 다양한 채널을 활용해서 말이다.

그렇다고 웰니스가 SNS가 없으면 의미를 잃는 건 아니다. 하지만 이를 이어갈 수 있게 하는 원동력을 제공한다. 게다가 SNS는 또 다른 거울이다. 소셜 미디어에서 의미 있는 사람이 되고 싶고, 좀 더 나은 목표를 추구하는 사람으로 인식되고 싶어 한다. 이럴 때 가장 쉽고 직관적인 개념이 바로 웰니스다. 스스로를 가꾸고 지금보다 나은 삶을 꿈꾸기 때문이다.

시끄러운 퇴사는 기본적으로 정신적 건강을 챙기는 행위인 한편, 할 말은 할 줄 아는 사회 구성원으로서 자신을 각인시키는 것이다. 운동을 인증하고, 더 나은 삶을 위해 노력하는 과정을 인증하는 일과 별반 다르지 않다. 웰니스는 손쉽게 접근할 수 있는 소비와 함께, 스스로에 대한 관심을 나타내는 방식으로 각광받고 있다. 게다가 SNS 추세와 맞물려 스스로를 더 의미 있게 만든다.

쌀밥보다 곤약 밥이 더 잘 팔리는 시점이 올지도 모르겠다.
(출처: CJ제일제당)

생활의 소비를 바꾸고 퇴사로 상징되는 사회생활의 문화를 바꾸면서, 더 나은 삶을 향한 작은 선택은 앞으로도 그치지 않을 것이다. 지금보다 더 나은 상황을 만들기 위해 필요한 선택지를 제공하고, 쉽게 접근할 수 있는 해답을 고민하자.

CONSUMP

PART 3

원하는 곳에만 쓴다,
소비 몰아주기

ONTRENDS

5,000원짜리 밥 먹고
8만 원짜리 빙수 먹기

우리를 둘러싸고 있는 사회적 환경은 늘 변한다. 좋을 때도 있고, 그렇지 않을 때도 있다. 이런 모든 상황에 영향을 받는 게 바로 일상의 트렌드다. 다음의 두 가지 상황을 살펴보자.

첫 번째 이야기: 편의점에서 도시락이 상승세다. 가성비가 좋다는 입소문을 타고 계속해서 매출 상승 곡선을 그리고 있다. 덕분에 이미 알려진 도시락 브랜드뿐만 아니라 모든 편의점의 도시락이 참전했다. 연예인을 동원하는 건 물론이고, 차별화된 메뉴를 바탕으로 마케팅을 벌인다. 이렇게 도시락이 불티나게 팔리고 지속적으로 매출 성장이 일어나고 있다.

두 번째 이야기: 호텔에서 파는 고가 빙수가 주목받고 있다. 좋은 재료만 아낌없이 넣었고, 8만 원을 호가하는 엄청난 가격을 자랑한다. 물론 호텔이라는 특성이 있지만, 그래도 비싼 게 아니냐는 의견도 있다. 하지만 그와는 상관없이 잘 팔리며, 호텔에서는 지속적으로 프리미엄 디저트 메뉴를 선보이고 있다.

이는 최근의 소비 트렌드를 반영한 에피소드다. 아무리 따져봐도 도저히 어울리는 구석이 없다. 한쪽은 가성비를 따지고, 다른 한쪽은 가심비, 즉 심리적 만족을 추구하는 사례이기 때문이다. 가성비는 주로 저렴한 가격을 중요하게 여기지만, 가심비는 딱히 낮은 가격을 의미하지 않는다. 심리적으로 만족하면 소비할 수 있다는 뜻이기 때문에 높은 가격의 제품에 사용하곤 한다. 그런데 지금의 추세는 두 가지가 어울려 돌아간다. 한 사람이 두 가지를 한꺼번에 소비하기도 한다. 이를테면 점심은 5,000원짜리 편의점 도시락을 먹고, 디저트는 8만 원짜리 빙수를 먹으러 가는 식이다.

이런 트렌드를 단순히 과소비라고 할 수 있을까? 도시락과 디저트가 아니라도 누구나 일상에서 비슷한 식의 소비를 하고 있을 것이다. 소비 대상은 모두 다를 수 있겠지만, 트렌드가 가리키는 속뜻은 같다.

애초에 현재 트렌드는 한 가지만 목표로 삼지 않는다. 매스미디어와 뉴미디어를 분리해서 똑같이 마케팅을 진행하지 않는다. 두 미디어의 성격이 다르기 때문에 최적화가 필요하기 때문이다. 타깃 소비자도 마찬가지다. 일반 대중과 특화된 대중을 한꺼번에 다루기는 쉽지 않다. 일반 대중에게는 최대한 많이 노출해야 하고, 특화된 대중은 고객이 되게끔 동기를 제공해야 하기 때문이다. 그래서 타깃 소비자를 대하는 데도 방향성이 나뉜다.

현 시점의 소비 트렌드는 한 가지로 이야기할 수 없다. 각 개인이 중요도에 따라 소비를 달리하기 때문이다. 각자 나름의 기준을 설정하고 소비하되, 설정하지 않은 다른 기준도 있을 수 있다. 유튜브에서 본 영상이나 뉴미디어에서 획득한 정보, 지인들의 입소문 등이 여기에 속한다. 이런 기준에 영향을 받아 또 한 번 중요도를 나눈다. 무작정 따라가는 소비는 거의 이뤄지지 않는다.

비비고가 무조건 가성비나 프리미엄을 내세우는 건 아니다.(출처: CJ제일제당)

한식의 세계화를 목표로 하는 비비고에는 다양한 제품이 있다. 마트나 편의점의 대중적 라인업이 비비고를 좋게 각인시켰고, 탄탄한 기반을 바탕으로 프리미엄이라는 새로운 기조를 밀어붙일 수 있었다. 비비고의 행보에서 가장 중요한 건, 자체적으로 제품의 브랜딩을 차별화하고 있다는 것이다. 무조건 싸거나 비싼 것이 아니라 대중이 각자의 기준에 따라 접근할 수 있도록 세분화 전략을 펴고 있다. 비비고의 전략적 측면은 뒤에서 상세히 설명하겠지만, 이 장에서 말하려는 발전적 전략의 핵심이다.

이런 트렌드를 보고 나는 '소비 몰아주기'라는 말을 떠올렸다. 예전에 얼굴 몰아주기라는 익살스러운 장난이 유행한 적이 있었다. 친구들끼리 모여 사진을 찍을 때 주인공으로 선정한 사람 외에는 이상한 표정을 지어서 주인공이 훨씬 돋보이게 하는 것이다. 이와 마찬가지로 돈을 써야 한다고 생각하는 분야를 위해 다른 소비 대상은 몸을 사려 돈을 적게 쓰고, 결국 소비의 주인공이 등장해 여유 비용을 소비한다.

지금부터는 소비 몰아주기가 일어나는 이유를 탐구해보자.

좋아하는 캐릭터는
싹쓸이해야 하는 이유

소비 몰아주기의 핵심은 관심사다. 관심 있는 영역은 시간과 비용을 몰아주고, 그렇지 않은 분야에는 아낀다. 극단적인 양극화가 일어난다고 볼 수 있다. 관심사가 골프라면 골프는 넉넉히 즐기고 다른 곳은 아낀다. 생활용품은 1+1제품을 활용하고, 대용량을 쟁여두기도 한다. 하지만 골프에는 아낌없이 투자한다. 좋은 용품을 사고, 원하는 곳으로 라운딩을 간다. 관심사인 골프에 소비 몰아주기를 시전한다.

돈만 소비 몰아주기와 관련 있는 건 아니다. 시간도 몰아주기의 대상이다. 자신이 관심 있는 곳에 시간을 활용하기 위해 아낄 수 있는 시간을 모은다. 가사 노동을 대체하고, 자신이 잘할 수 없는 분야는 전문가에게 맡긴다.

RTD라는 개념이 있다. 'Ready to Drink'의 약자로, 마실 준비가

하이볼 전문가가 아닌데 굳이 시간을
투자할 필요가 없다.(출처: 롯데칠성음료)

되어 있다는 뜻이다. 대표적으로 커피와 주류처럼 바로 마실 수 있는
음료다. 라테를 만들어 마시려면 재료와 시간이 필요하지만, RTD 커
피는 별다른 제조 과정을 거치지 않고도 바로 마실 수 있다. 주류도
마찬가지다. 하이볼을 만들려면 다양한 재료와 과정이 필요하지만,
RTD 하이볼은 그냥 마시면 된다. 그래서 하이볼 열풍과 함께 등장한
RTD 하이볼 제품들이 큰 인기를 얻었고, 이 흐름은 현재도 진행 중
이다. RTD는 소비에 필요한 시간을 아껴주는 대표적 제품으로, 단순
히 음료가 아니라 누군가의 관심사에 더 많은 자원을 쏟게끔 할 수도
있다.

관심사는 단순히 취미가 아니라, 선호도나 가치 같은 주관적 개념
을 포괄한다. 기성세대는 자신의 관심사를 잘 알지 못하거나 표현하
지 못하고 성장했다. 그러나 '잘파세대'라고 불리는 알파세대와 Z세대

는 자신의 관심사를 적극적으로 드러내며 변화를 리드했고, 관심사라는 단어를 매우 잘 이해하고 소비에 적용했다.

이런 변화의 배경에는 뉴미디어가 있다. 알다시피, 유튜브는 관심 있게 본 영상의 주제를 중심으로 다음에 볼 영상을 추천해준다. 따라서 유튜브 첫 화면은 관심사을 고스란히 나타낸다. SNS의 대표격이라 할 수 있는 인스타그램 역시 관심사가 중심이다. 인스타그램 탐색 탭에 게시되는 피드는 바로 '당신(You)'이다. 어떤 게시물에 좋아요를 눌렀는지, 댓글을 달거나 저장했는지, 어떤 계정을 팔로했고, 어떤 계정과 주로 소통하는지 알고리즘이 파악한다. 그렇게 자신이 표출한 관심사를 수집하고, 사용자가 가장 관심 있다고 판단한 주제의 게시물이 탐색 탭에 노출된다. 따라서 인스타그램의 기준은 관심사다.

Z세대는 유튜브와 SNS에 친숙한 세대로, 유튜브와 SNS에서 자신의 관심사를 경험하며 성장했다. 알파세대는 아예 디지털 온리(디지털만 경험한) 세대라 유튜브와 SNS는 기준이 되며, 매스미디어보다 뉴미디어에 훨씬 더 익숙하다. 그래서 관심사에 둘러싸여 성장했다. 즉, Z세대와 알파세대에게 관심사란 고려 대상 중 하나가 아니라 기본이다. 관심사를 충족하기 위해 차별적인 소비 몰아주기가 당연한 것이된다.

이때 살펴볼 개념이 디깅(Digging)이다. 사실 디깅은 새로운 개념은 아닌데 존재감이 점점 커지고 있다. 디깅이란 자신의 관심 영역을 찾는 걸 뜻한다. 관심 영역을 발견하면 열정적으로 파고든다. 사소한 것이라도 파고들고 싶은 관심사에는 크게 반응한다. 예를 들면 특정한 캐릭터를 좋아한다면 과자 포장에 캐릭터가 등장하기만 해도 사고 싶어진다. 과자를 뜯어보면 딱히 캐릭터와 연관이 없어도 그렇다. 어떤 브랜드를 좋아한다면, 신제품이 나올 때마다 구매하고 싶을 것이다. 이는 모두 디깅에 속한다.

　디깅은 두 가지로 나뉜다. 우선 대상이 명확한 디깅이 있다. 자신이 좋아하는 콘텐츠, 캐릭터, 브랜드 등 실체와 대상이 구체적이다. 이 경우에는 수집 등의 형태로 디깅이 나타난다. 또한 팬슈머라서 중복해서 소비하기도 하고 오랜 기다림도 마다하지 않는다. 컬렉션에 하나를 더 하듯 소비에 열을 올린다. 따라서 경기 등 외부 상황에 큰 영향을 받

주변에서 흔히 만나는 캐릭터 컬래버레이션 제품은
디깅을 노리는 것이다.(출처: 이니스프리)

지 않고, 이유만 있으면 꾸준하게 소비가 이어질 가능성이 매우 높다.

대표적인 예가 바로 캐릭터 컬래버레이션 제품이다. 최근에는 분야를 가리지 않고 다양한 캐릭터 컬래버레이션이 이루어지는데, 이는 디깅하는 소비자들을 노리는 셈이다. 특히 캐릭터는 컬렉션을 추가하듯 다양한 구매가 가능해서 유통 업계에서 트렌드 적응 전략으로 많이 활용한다.

한편 디깅의 대상이 명확하지 않은 디깅도 있다. 주로 명확하게 눈에 보이지는 않는 가치에 해당하는 경우가 많다. 환경에 관심이 많은데 일상에서 환경만 생각하는 건 아니지만 기왕이면 환경에 도움이 되는 실천이나 소비를 하고 싶다면, 친환경 제품 혹은 친환경에 관심이 많은 기업 또는 브랜드를 소비할 가능성이 높다. 친환경 소재를 활용하거나, 탄소 저감을 위해 노력하는 기업이나 브랜드 말이다. 대상이 있는 디깅은 지독하게 대상에 몰입하지만, 대상이 명확하지 않고 가치를 찾는다면 대상보다 '주제'에 주목한다. 그래서 한 가지 대상만 디깅하진 않는다. 따라서 반복 소비, 대량 소비는 일어나기 어렵다. 대신 같은 주제로 상품이나 서비스를 소비할 가능성이 높다. 다양하게 친환경 제품을 구매하는 것과 같은 식으로 말이다. 따라서 기업이나 브랜드 입장에서는 대상이 있는 몰입형 디깅을 원할 수 있다. 하지만 가치에 주목하는 트렌드가 열리면서, 대상이 명확하지 않은 디깅도 주목하고 있다. 이 추세를 가치 소비라고 표현하기도 한다.

친환경과 같은 가치 소비형 디깅을 노리는 경우로 포장재를 바꾸는 것을 예로 들 수 있다. 친환경은 미래를 위해 우리 모두 신경 써야

치킨 박스를 친환경 포장재로 바꾸는 것도 디깅을 노리는 것이다.(출처: bhc그룹)

할 일이다. 그러다 보니 공감하는 사람이 많고, 디깅을 끌어오기 쉬운 측면이 있다. 기업이나 브랜드로서는 사회적 책임을 다하면서도 디깅을 반영하여 친환경을 잘 활용하고 있다.

이렇듯 디깅은 관심사를 바탕으로 하며, 관심사는 소비 트렌드에 큰 영향을 준다. 디깅 대상은 더 많이 소비하려고 하지만 그렇지 않다면 굳이 많은 돈을 쓰려 하지 않는다. 소비 몰아주기의 원동력은 바로 이런 점이다.

내가 말하는 가성비와
네가 말하는 가성비가 다른 이유

관심사로 인해 가성비와 프리미엄이라는 어울리지 않는 단어가 어색하게 동거하는 것이 소비 트렌드의 핵심이다. 그렇기에 무조건 돈을 쓰지도, 무조건 돈을 아끼지도 않는다. 이 두 가지 개념이 공존하며 소비 트렌드가 돌아간다.

가성비는 가격 대비 성능을 뜻한다. 저렴하거나 경쟁력 있는 가격대의 제품이나 서비스에 가성비라는 표현을 사용한다. 과거에는 가성비라고 하면 무조건 저렴한 것을 뜻해서, 성능이 좋지 않아도 가격이 낮으면 가성비가 높다고 여기는 경우가 많았다. 싼 게 비지떡인데도 일단 저렴하니 가성비가 좋다고 착각한 것이다. 저렴한 가격대의 상품이 양산됐고, 결과적으로는 소비자들에게 좋은 것만은 아니었다. 하지만 지금은 생각한 가격대보다 저렴한데 상품이나 서비스의 품질이 나쁘지 않다면 가성비가 좋다고 느낀다. 한편 딱히 저렴하지 않더라도 상품이나 서비스가 좋다면 가성비가 좋다고 할 수 있다.

또한 각자의 선호도나 가치에 따라서도 가성비가 달라진다. 특정 브랜드에 대한 선호도가 남다르다면, 가격이 좀 많이 나간다고 해도 가성비를 좋게 느낄 수 있다. 특정 카테고리에 관심이 없다면, 충분히 저렴해도 가성비가 나쁘다고 여길 수 있다. 이렇듯 관심사가 아니라면 가성비 또한 흔들릴 수 있다는 뜻이다.

출산율은 떨어진다는데, 프리미엄 우유 시장은 오히려 성장 중이다.

이와 함께 고려할 점이 프리미엄이다. 예를 들어 유제품을 살펴보자. 유제품에 대한 관심은 꾸준했지만, 저출생 시대를 맞이하면서 위기가 올 것이라는 예측이 있었다. 특히 기존 제품보다 비싼 프리미엄 우유 라인은 더 걱정스러웠다. 그런데 오히려 프리미엄 우유 시장은 성장세를 보이고 있다. 일명 VIB(Very Important Baby)족 때문이다. 자녀 수가 줄면서 자녀가 매우 소중해졌기에 기왕이면 더 좋은 것을 먹이려고 한다. 이 추세는 우유 시장뿐만이 아니다. 저출생인데도 키즈 전문관이나 유아 대상 상품군은 더 늘어나고 있다. 특이하게도 확장되는 분야가 대부분 프리미엄이라는 것이다. 기존보다는 비싸지만 오히려 잘 팔린다. VIB족은 자녀에게 더 좋은 것을 사주려는 욕구가 크기 때문이다. 물론 책임질 수 없을 만큼 위험한 소비는 하지 않지만, 가능한 한 프리미엄을 찾는다.

자신이 주거하는 공간은 가성비보다 프리미엄을 찾는다.(출처: 한샘)

또 다른 개념이 바로 럭셔리테리어다. MZ세대를 중심으로 인테리어 면에서 프리미엄을 추구하는 트렌드를 말한다. 취향이나 생각을 담은 프리미엄 가구나 인테리어에 소비하는 성향인데, 실용성과 합리성을 따져가며 자신의 공간을 가장 맘에 드는 형태로 꾸민다. 경기가 어떤지에 가장 크게 영향을 받을 수밖에 없는 분야지만, 그런데도 프리미엄을 찾는다는 게 아이러니하다. 그러나 항상 보고 머무는 공간에는 돈을 들일 수 있다고 생각한다.

가성비와 프리미엄은 주관적 개념이며 두 가지가 함께 영향을 미쳐 소비 트렌드를 형성한다. 하지만 프리미엄의 경우 누구나 관심을 가지는 분야에 대해 무조건적으로 적용될 가능성이 상당히 높다. 반면 가성비는 훨씬 더 주관적이다. 내가 생각한 가성비와 다른 사람이 생각한 가성비가 다를 수밖에 없다. 이렇게 트렌드가 달라지면서 소비 가치를 찾기가 점점 어려워지고 있다. 어쩌면 앞으로 더욱 복잡해질 수도 있겠다.

소비 명분을 만들어주는
3가지 방법

그렇다면 트렌드에는 어떻게 대응해야 할까? 소비자는 가성비와 프리미엄 분야를 나누고 이에 따라 소비 여력 안에서 돈을 쓰면 그만이지만, 기업이나 브랜드는 이런 트렌드에 잘 대응할 필요가 있다.

우선 돈을 써야 하는 명분을 확실히 해야 한다. 특히 프리미엄이 적용되는 분야에서는 명분이 중요하다. 매스미디어 시대에 유행했던 "당신은 소중하니까"라는 카피가 생각난다. 이는 지금 트렌드에도 충분히 통할 수 있다. 당신은 소중하니 당신에게 어울릴 만한 프리미엄을 선택해야 한다는 인식을 심어주는 것이다. 프리미엄을 뒷받침하는 이유만 확실하다면 강력한 명분이 된다.

다만 명분은 상당히 구체적이어야 한다. 좋다거나 훌륭하다는 설명만으로는 명분이 될 수 없다. MZ세대는 합리적이고, 알파세대는 뉴미디어를 통해 엄청난 양의 정보를 접한다. 조금만 찾아봐도 정보가 넘쳐나는 시대인 만큼 눈 가리고 아웅 하는 방식으로는 소비를 이끌어낼 수 없다.

가장 기본적인 명분은 '나' 자신이다. 내가 좋아하니까, 내가 소중하니까 소비할 수 있다. 자녀, 가족, 자기 발전 등 기본적으로 동의하는 명분이 여기에 속한다. 또한 스스로에게 주는 선물, 합리적인 프리미엄 등도 이 카테고리에 속한다고 볼 수 있다. 어쩌면 역사도 오래되고 가장 확실한 명분이 아닌가 싶다. 가구 구성원이 줄어들면서 하나뿐인 자녀에게는 모든 걸 다 해주고 싶을 것이다. 자녀가 없는 가정이라면 부부 두 사람을 위해 소비하고 싶을 테고, 1인 가구라면 자신을 위해 소비할 수 있다. 즉, 사회적 트렌드의 변화가 가장 고전적인 명분에 힘을 실어주고 있는 셈이다.

간단히 먹는 간편식도 프리미엄 라인이 확대되고 있다.(출처: 오뚜기)

요즘 손쉽게 구매할 수 있는 간편식을 떠올려보라. 가장 흔하게 살 수 있으면서도 프리미엄이 많은 분야이기도 하다. 특히 RMR(레스토랑 간편식, Restaurant Meal Replacement)이라고 해서 유명 맛집의 메뉴가 간편식으로 나오는데, 직접 가서 먹는 비용보다는 싸지만 일반적 간편식보다는 비싼 편이다. 한 브랜드에서도 일반 제품, 가성비 라인, 프리미엄 라인을 나누는 경우도 쉽게 찾아볼 수 있다. 한 끼 식사가 중요한 관심사이거나, 소중한 대상에게 좀 더 나은 제품을 먹이고 싶을 수도 있으며, 하루 종일 수고한 자신을 위해 맛있는 음식을 소비하고 싶을 수도 있다. 이런 관심사가 트렌드의 변화와 함께 역동적으로 영향을 미친다. 나라는 존재를 강조하는 것은 앞으로 더 강력한 효과를 발휘할 수도 있을 것이다.

또 다른 명분은 공감이다. 앞서 기업들이 친환경에 집중하는 이유를 설명했는데, 이런 것이 명분이다. 친환경 제품이 다른 제품보다 비싸더라도 친환경에 관심이 많으면 소비할 것이다. MZ세대와 알파세대는 기업이나 브랜드의 행보에 관심이 많고, 사회적으로 인정받고 싶은 욕구가 많다. 특히 팬데믹 시대에 성장기를 보낸 Z세대와 알파세대는 공동체에서 의미 있는 존재가 될 기회를 놓쳐버렸다. 그래서 온라인에서 커뮤니티를 형성하거나, 의미 있는 실천을 SNS에 인증하며 더 나은 존재가 되고자 한다. 돈을 쓰는 행위는 가치 있는 일과 연결되기에 명분이 되기도 한다. 따라서 기업이나 브랜드는 의미 있는 경영을 하기 위한 새로운 목표를 설정해야 한다. 단순히 이익을 추구하는 조직이라는 인식을 줘서는 오래 버틸 수 없다. 대중과 소통하고, 사회에 대화를 건넬 줄 아는 '착한 기업'이 되기 위해 최선을 다해야 한다. '척'만 해서는 안 되고, 진심으로 의미 있는 노선을 설정하고 가치 있는 일을 뉴미디어를 통해 알려야 한다. 왼손이 하는 일을 오른손이 모르게 할 필요는 없다. 적극적으로 알리고 공감하는 대중을 더 많이 모아야 한다.

과자 하나로도 가치를 말할 수 있는 방법이 있다?(출처: 롯데웰푸드)

예를 들어 롯데웰푸드는 스낵 제품을 출시하며 포장을 바꿨다. 자연 친화적인 가치를 담기 위해 종이 포장재를 사용했고, 인쇄 방식을 변경해 잉크 소비량을 줄였다. 포장 방식의 변경은 기업이나 브랜드가 취할 수 있는 편하고도 좋은 방식 중 하나다. 각종 활동이나 실천으로 의미 있는 존재로 인식된다면 소비의 명분은 매우 확실해질 것이다.

마지막으로는 관리다. 마케팅에는 CRM이라는 개념이 있다. Customer Relationship Management의 약자인데, 고객 관계 관리라는 뜻이다. 사실 마케팅뿐만 아니라 일상의 관계, 트렌드 적용 면에서도 CRM은 무척 중요하다. 특히 기업이나 브랜드라면 핵심 트렌드로서 최선을 다해야 한다. 지금의 트렌드가 관심사를 위주로 돌아가기 때문에, 관심사가 있다면 열정적으로 다가올 가능성이 크고 기업에서도 적극적으로 손을 내밀어야 한다. 고객이 어떤 생각을 가지고 있는지 파악하고 최선을 다해 소통해야 하는 것이다.

그런데 소통보다는 '출시'에 더 많은 관심을 기울이는 경우가 많다. 관심사라면 무조건 구매하리라는 건 착각에 불과하다. 특정 제품이나 서비스를 대체할 수 있는 대상은 많기 때문이다. 그러므로 세심하게 접근해야 한다. 그런데도 아직도 애매한 출시만 반복하며 대중을 기만하는 사람이 너무 많다. 현재의 트렌드에서 이런 태도는 목표를 달성하지 못하게 만드는 최악의 자세인 셈이다. 관심사를 지닌 대중을 감동시키고, 지속적으로 관심사를 지켜볼 마음을 불러일으켜야 한다. 관심사는 언제든 움직일 수 있다. 다른 관심사가 생긴다면, 지금의 관심을 내려놓을 가능성도 있다. 그러니 꾸준히 반응을 수집하고 반영하면서 의견을 듣고 있다는 시그널을 끊임없이 발신해야 할 것이다.

CONSUMPT

PART 4

'찐' 개인주의,
나만 보는 트렌드의 시작

ONTRENDS

'코노'에 가면
왜 다 따로 들어갈까?

《알파세대가 온다》라는 책을 쓰면서 상당히 재미있는 경험을 많이 했다. 트렌드 책을 쓰는 건 늘 흥미롭지만, 특히 알파세대를 이해하면서 새로운 이야기를 보고 들을 수 있었다. 알파세대의 생각은 남달랐는데, 개인을 강조하는 면에서 앞선 세대와는 너무도 달랐다. 이를 명확히 드러내는 코인 노래방(이하 코노) 에피소드가 매우 흥미로웠다.

세 명의 친구가 코노에 갔다. 시험이 끝났고 용돈도 받아서 기분이 좋은 상태였다. 그래서 같이 놀기로 하고 첫 번째 놀이 코스로 고른 곳이 바로 코노였다. 세 사람은 익숙한듯이 "조금 있다가 보자"며 각자 다른 방으로 들어갔다. 부르고 싶은 노래를 신나게 부른 후에 세 사람은 입구에서 다시 만나 함께 코노를 나섰다.

코노는 알파세대뿐만 아니라 기성세대에게도 익숙한 놀이 공간이다. 그런데 알파세대는 각자 다른 공간에 들어가 따로 노래를 부른다. 과거 세대들은 세 명이 노래방에 가면 한 공간에 들어가 함께 노래를 불렀다. 다른 친구들이 부르는 노래를 듣고 자신의 차례가 되면 노래했다. 하지만 알파세대는 다른 친구가 부르는 노래를 듣거나 자신의 차례를 기다리지 않는다.

이런 경향은 여러 곳에서 찾아볼 수 있다. 친구 여러 명이 같이 밥을 먹으러 갔는데 그중 한 친구는 만나기 전에 밥을 먹어서 배가 부르다고 하면, 그를 제외한 나머지 친구는 각자 먹고 싶은 것을 주문해서 먹는다. 먹지 않겠다는 친구 때문에 다 같이 먹지 않거나, 굳이 권하지 않는다.

친구가 독특한 취미나 관심사를 가지고 있어서 이해가 안 가더라도 이해가 안 간다고 말하지 않는다. 친구는 나와 다른 사람이니 기준이 다를 수 있다. 왜 그런 취미를 가졌냐고 물을 필요도 없다. 친구가 이유를 설명해주고 싶다면 알아서 설명할 것이라 생각하기 때문이다. 직장 동료가 퇴사할 경우, 아주 친한 동료라면 퇴사 이유를 물어보겠지만 매우 친한 건 아니라면 굳이 묻지 않는다. 나름의 사정이 있을 것이라 생각하고 그간 수고했다는 인사를 전하면 끝이다.

이렇게 보면 주변에 대해 너무 무관심한 게 아닌가 싶을 수도 있겠다. 하지만 이는 MZ세대와 알파세대의 트렌드다. 이런 흐름을 '개인주의'라고 한다. 이전에는 다소 부정적인 뉘앙스로 많이 사용했다면, 이제는 트렌드가 지닌 특성이다. 즉, 변화에 따른 흐름인 셈이다.

개인주의를 좀 더 살펴보자. 예전에는 대학이라고 하면 학생들이 옹기종기 모여 있는 모습이나, 다양한 단체 활동을 하는 모습을 떠올렸다. 그런데 요즘은 축제를 제외하면 동아리나 단체 활동이 많이 줄어들었다. 대신 각자의 가치 기준에 따라 개인적으로 활동을 선택한다. 직장에서도 회식이 사라진 지 오래다. 자율적인 분위기가 정착되어 각자 하고 싶은 일을 한다. 직장 내의 팀은 각자 역할을 다하기 위한 조직이 되었다. 사내 조직은 과거보다 규모가 줄어들고 있으며, 딱히 활동하지 않아도 사회생활을 못 한다는 말은 듣지 않는다. 그만큼 세상이 변했다.

특히 타인의 관심사를 무시하지 않으며, 각자 생각이 달라서 개인적으로 좋아하는 대상이 다르다고 여긴다. 그러니 덕질(팬 활동을 하는 것)을 이상하게 여기지 않는다.

덕질도 안전하게 할 수 있는 시대다.(출처: 롯데손해보험)

기업에서도 트렌드를 반영한다. 더 안전하게 덕질하라는 의미에서 보험도 등장했다. 콘서트장이나 페스티벌 상해사고나, 관련 물품 인터넷 거래 시 사기 피해를 보장하는 것이다. 과거의 개념으로는 다소 이해하기 어려울지도 모르겠다. 하지만 개인주의 트렌드를 잘 보여준다.

그러다 보니 기업에서는 팬 활동을 해줄 수 있는 인원을 뽑아 덕질을 장려한다. 서포터즈라고 하는 활동이 그것이다. 농심과 같은 식품 회사에서 서포터즈를 더 열심히 운영하는데, 제품에 대한 피드백뿐만 아니라 콘텐츠를 생산하는 최전방에서 톡톡히 역할을 한다. 특정 기업이나 브랜드에 대한 덕질을 기업과 브랜드에서 프로그램으로 만들어 뒷받침할 만큼, 개인적인 성향을 존중하는 트렌드가 사회 곳곳에 퍼져 있다.

이런 환경에서 코노에서 따로 즐기는 건 더 이상 어색한 일이 아니다. 개인보다는 공동체를 더 중시했고, 개인적인 행동이나 가치를 딱히 반기지 않았던 시대에는 어색했겠지만, 지금은 개인적인 행동과 가치는 그저 한 사람의 특성일 뿐이다.

마케팅은 숨어서 하는 게
대세라고?

　사실 개인주의는 생각보다 거대한 트렌드다. 마케팅 방식에도 큰 영향을 미치는데, 대표적인 변화가 히든(Hidden) 마케팅이다. 말 그대로 마케팅 주체를 숨기고 마케팅을 진행하는 걸 뜻한다. 원래는 마케팅의 대상이 되는 제품이나 기업이 전면에 등장하는 게 정상이다. 예를 들어 냉장고를 마케팅한다면 마케팅을 위한 각종 활동에 냉장고가 등장하는 게 일반적이다. 하지만 히든 마케팅에서는 냉장고가 등장하지 않는다. 애초에 마케팅 목적은 숨기려고 계획했기 때문이다.

　이런 변화는 개인주의 때문이다. 각자 원하는 걸 소비하고 원하는 콘텐츠에 접근한다. 그래서 관심 없는 분야의 마케팅에는 아예 눈길조차 주지 않는다. 반대로, 재미있다고 느낀 콘텐츠에는 계속 접근한

다. 그러니 마케팅 목적은 최대한 숨기고 관련 콘텐츠를 소비하게 만
드는 게 개인주의 트렌드에 대응하는 방식인 것이다. 그래서 예전처럼
마케팅의 중심이 되는 제품이나 브랜드나 서비스를 따로 언급하지 않
는다. 콘텐츠만 잘 소비하면 잠재적으로 노출될 것이니 굳이 무리하
지 않는 것이다.

인터뷰 콘텐츠를 가장했지만, 사실은 마케팅이었다.(출처: 컬리)

상당한 인기를 모았던 '냉터뷰'는 대표적인 히든 마케팅 사례다.
게스트가 등장해 다양한 이야기를 나누는 프로그램 같지만, 배경에
냉장고가 있다. 매회 초대한 게스트의 냉장고를 구경하고 요리를 만들
기도 한다. 여기까지 봐도 딱히 마케팅으로는 보이지 않는다. 하지만
이 콘텐츠는 컬리의 마케팅이었다. 온전히 웹 예능으로 제작된 콘텐츠
는 아니라는 것이다. 하지만 컬리는 무리하게 마케팅 메시지를 넣지

않았다. 직접적으로 마케팅을 하지 않으니 기업으로서는 조금 아쉬울 수도 있겠지만 대중은 행복하다. 각자 좋아하는 게스트에 맞춰 콘텐츠를 소비할 수 있으니 말이다. 오히려 이런 행복감이 밑바탕에 깔려 마케팅 효과를 낼지도 모를 일이다.

존재를 숨겼더니 구독자 100만 명을 넘겼다.(출처 : 뷰티포인트)

아모레퍼시픽도 히든 마케팅의 달인이다. '뷰티포인트'는 화장품으로 구현하는 다양한 ASMR 콘텐츠를 다루는데, 구독자 100만 명을 넘긴 채널이다. 이 채널의 중심에는 아모레퍼시픽이 있다. 하지만 굳이 마케팅 메시지를 발신하려고 애쓰지 않는다. 아모레퍼시픽은 뷰티포인트 채널에 잘 숨었고, 결과는 폭발적이었다. 이렇듯 개인주의 트렌드를 따르는 현 세대는 과거의 마케팅 방식이 아니라 스스로 선택할 수 있는 히든 마케팅의 매력에 공감한다.

다만 신경 쓸 점이 있다면 히든 마케팅은 욕심을 내서는 안 된다

는 것이다. 욕심을 내서 어디 한 곳에라도 마케팅 메시지를 드러내고
싶다고 생각하는 순간, 어색해지기 때문이다. 숨으려면 철저하게 숨어
야 한다. 쉽게 발견할 수 없도록 말이다. 다만 각자가 선택하도록 맡기
는 것이 개인주의 트렌드를 제대로 읽는 방식이다.

크롤스, 다이소, 스탠리, 요아정의
공통점은?

개인주의적 흐름은 새로운 트렌드를 몰고 왔다. 물론 기존에 있
던 트렌드가 좀 더 업데이트된 형태로 적용되는 경우도 있다.

크롤스가 강조하는 건 바로 신발에 꽂는
액세서리 지비츠 참이다.(출처: 크롤스)

크록스는 이미 잘 알려진 브랜드다. 구글 트렌드가 보여주는 검색 통계도 그렇고, 실제 매출이나 기타 활동을 살펴봐도 잘나가는 브랜드라고 할 수 있다.

크록스의 핵심은 바로 '지비츠 참'이다. 크록스에는 무언가를 장착할 수 있는 구멍이 나 있는데, 이 구멍에 꽂는 액세서리를 뜻하는 단어다. 무한한 확장성을 지녔을 뿐 아니라 각종 컬래버레이션을 통해 많은 지비츠 참이 쏟아져 나온다. 계속 새로운 것이 나오고 구입하면 꾸준히 주목받을 수밖에 없다.

다이소는 유통 업계에서 엄청난 매출 상승을 기록하며 대단한 존재감을 드러낸다. 약속 장소에 가서 시간이 남으면 다이소 간다는 말이 있을 정도다. 다이소의 매출 상승은 뷰티 코너가 안정적으로 정착하고 다양한 상품이 있다는 등 여러 요소가 있지만, 그중 한

스탠리 텀블러는 각자 원하는 식으로 꾸며서 쓰는 사람이 더 많다.
(출처: 스탠리)

부분을 차지하는 것이 바로 '꾸미기' 제품이다. 폰꾸(폰꾸미기), 다꾸(다이어리 꾸미기), 폴꾸(폴라로이드 꾸미기) 등 가격도 부담되지 않는다. 이런 아이템은 알파세대의 지지를 받으며 확장하고 있다.

스탠리는 가장 유명한 텀블러 브랜드 중 하나다. 스탠리가 국내외에서 엄청나게 주목받은 계기는 내구성을 보여준 사건 때문이

었다. 차량 화재가 발생했는데 텀블러만 멀쩡했다는 콘텐츠가 돌아다니며 사람들의 호기심을 자극했고 SNS에서 큰 반응을 얻은 것이다. 하지만 그것만이 스탠리를 온전히 설명해주지는 않는다. 해외에서는 스탠리 꾸미기 열풍이 대단하다. 텀블러를 있는 그대로 사용하는 게 아니라, 스티커를 붙이거나 손잡이나 액세서리를 달아 자신만의 스타일을 드러내는 것이다. 이렇게 스탠리의 꾸미기 요소가 강조된 건 2020년경부터다. 당시 테런스 레일리(Terence Reilly)가 대표이사로 새롭게 취임하며 전략이 바뀌었고, 그는 전 크록스 CMO(마케팅 총괄, Chief marketing officer)였다.

요거트 아이스크림에도 취향을 반영한다.(출처: 삼화식품)

요아정은 배달의민족 실시간 트렌드에 자주 올라와 도대체 무엇의 줄임말인지 궁금했던 사람이 많을 것이다. '요거트 아이스크림의 정석'이라는 아이스크림 프랜차이즈로 인기가 상당하다. 요거트 아이스크림이 새로운 것도 아닌데 실시간 트렌드에 오르내리는 이유는 당연히 맛도 좋지만 자신이 원하는 재료나 토핑을 골라 세팅할 수 있기 때문이다. 하나의 프로젝트를 완성하듯 다양한 재료를 넣을 수 있는데, 완제품 아이스크림과는 달리 자신의 취향을 반영할 수 있어서 사람들이 많이 찾는다. 특히 Z세대와 알파세대에서 좋은 반응을 보이고 있다.

그렇다면 4가지 사례의 공통점은 무엇일까? 자신의 취향이나 생각을 반영할 수 있다는 것이다. 이런 개념을 '커스터마이징'이라고 한다. 세상에 하나밖에 없는 자신만의 상품이나 서비스를 경험하는 것이다. 애초에 이 개념은 새롭지는 않지만, 과거에는 상당히 복잡한 개념이었다. 접근 자체가 어려웠고 비용이 많이 들었기 때문이다. 하지만 지금은 그렇지 않다. 누구나 맘만 먹으면 접근할 수 있을 정도로 대중적이다.

현재의 트렌드는 커스터마이징이다. 그래서 '별다꾸'라는 말도 생겼다. '별걸 다 꾸민다'는 뜻이다. 정말로 무엇이든 커스터마이징한다. 커스터마이징이 지금의 트렌드에서 더 주목받게 된 건 개인주의 때문이다. 요즘은 다른 사람의 기준이나 생각을 따라가기보다는 나만의 이야기를 창조하고 싶어 한다. 누구나 매장이나 온라인에서 스탠리 텀블러를 살 수 있다. 하지만 내가 직접 꾸미면 나만의 제품이 된다. 다른 사람과 구분되는 나만의 이야기다. 그래서 커스터마이징은 개인주의를 가장 확실하게 실천하는 방식이기도 하다.

커스터마이징이 트렌드가 된 또 다른 이유는 뉴미디어다. 뉴미디어에 인증이 이어지니 익숙해질 수밖에 없다. 뉴미디어에서 본 콘텐츠처럼 꾸며보고 싶다는 마음이 커진다. 접근할 수 없을 정도로 비싸면 애초에 포기하겠는데, 그렇지도 않다. 그러니 뉴미디어의 영향을 받아 다양한 사람들이 커스터마이징에 도전한다. 많은 사람이 인증샷을 업로드하니 챌린지도 생긴다. 챌린지에 참여하기 위해 또 뭔가를 꾸민다. 이렇듯 뉴미디어에서 일어나는 일이 새로운 트렌드에 영향을 미치고, 커스터마이징은 대세가 된다.

게다가 커스터마이징한 제품은 세상에 하나밖에 없으니 희소성을 지닌다. MZ세대와 마찬가지로 알파세대는 희소성에 반응한다. 특히 부족함 없이 자란 세대라 소비에 노출되는 시간과 범위가 크게 증가했다. 소비 아이템이 너무도 많고 다양하다. 소비를 잘 알고 있으니, 제품이나 서비스의 가치도 잘 알아본다. 다만 웬만한 제품이나 서비스에는 딱히 감흥이 없다. 그래서 한정판과 같은 희소성 있는 대상을 찾아 헤맨다. 그에 대한 대안으로 등장한 게 바로 커스터마이징이다. 희소성 있는 제품을 찾는 시간과 노력은 아끼고, 희소성은 더할 수 있다.

희소성이라는 단어는 앞으로도 상당히 중요한 역할을 할 것으로 보인다. 다양한 소비 관련 제품이나 서비스의 경쟁은 지금도 심하지만, 미래에는 더 심화될 것이다. 대중의 눈길을 사로잡기 위해 새롭고도 다양한 시도가 필요할 텐데, 기왕이면 희소한 가치를 소비한다고 느껴야 한다. '당신'밖에 살 수 없다는 메시지를 줘야 한다.

이처럼 커스터마이징이라는 개념은 트렌드와 부합하는 측면이 많고, 소비 중심 세대인 MZ세대, 알파세대와 어울리는 면이 많다. 커스터마이징은 대중을 사로잡는 중요한 요소가 되고 있으며, 트렌드가 말하는 새로운 개인주의를 상징하는 움직임이라고 할 수 있겠다.

04

팔도는 왜 비빔장 라인업을 계속 늘릴까?

개인주의를 뒷받침하는 또 다른 개념은 개인화다. 이제는 개인화를 넘어 초개인화를 지향한다. 개인화란 각 개인에게 맞춤형 서비스

롯데ON의
AI 스타일 추천

AI 이미지 검색 기반
스타일 추천 서비스

LOTTE ON

CS를 완전히 개인화하면 스타일도 추천해준다.(출처: 롯데온)

나 상품이 제공되는 환경을 말하는데, 여기에는 AI가 상당히 큰 부분을 담당한다.

롯데온은 쇼핑뿐만 아니라 CS(고객 서비스)도 개인화하고 있다. 그중에 AI 이미지 검색 기반의 스타일 추천 서비스가 대표적이다. 고객이 쉽게 원하는 상품을 검색하고 추천받을 수 있는 시스템인데, 카메라 기능을 활용해 원하는 상품 이미지를 업로드하면 AI가 유사도가 높은 상품을 제안한다. 미용실에 가서 어떤 헤어스타일을 원하는지 설명하는 과정을 AI를 활용해 간편하게 바꾼 것과 마찬가지다. 사람마다 원하는 스타일은 다르기 마련이라 이는 개인화된 과정이다. CS 과정에서 중요한 부분을 완전한 개인화로 이뤄냈다는 점에서 의미가 크다.

핀테크를 활용한 후발주자 은행의 경쟁력은 개인화다.
(출처: 비바리퍼블리카)

금융업계에서도 개인화에 대한 관심이 많다. 개인화 UX/UI를 선보이는 건 물론이고, 개인화 자산 관리 서비스까지 제공한다. 특히 핀테크를 활용한 후발 주자 은행들은 기술 혁신을 선도하며 다양한 개인화 서비스를 내놓았고, 빠르게 경쟁력을 확보하는 원동력이 되었다. 특히 UX/UI는 개인화와 결합되면서 개념이 달라졌다. 예전에는 정해진 한 가지 스타일로 모든 서비스를 정렬시켰지만, 개인화 개념이 도입되면서 개인마다 많이 사용하는 탭이나 자주 찾는 주제 등을 편하게 사용하게끔 바꿀 수 있다.

이렇게 개인화는 트렌드와 맞물려 편리한 서비스를 다양하게 제공하고 있다.

개인화, 손쉽게 만들어내는 3가지 방법

일단 추천형 서비스는 개인화에 해당한다. AI를 동원한 추천은 물론이고, 기업이나 브랜드가 뉴미디어용으로 기획하는 추천형 영상 콘텐츠나 이미지도 개인화에 해당한다. 물론 모든 고객에게 꼭 맞는 형태의 개인화를 제공하는 건 아니지만, 과거보다는 많은 사람의 니즈에 맞는 콘텐츠를 공급할 수 있다. 그래서 나는 마케팅을 위해 항상 타깃 고객을 공부하고, 그렇게 얻은 주제로 큐레이션을 진행하라고 조언한다. 상품이나 서비스를 한 가지만 놓고 고민할 게 아니라, 다양한 타깃에게 추천하는 식으로 개인화에 가깝게 다가가라는 것이다. 개인의 니즈를 만족시킬 가능성이 없다면, 대중은 선택하지 않는다.

한편 상황에 적응하는 방법이 있다. 커스터마이징보다는 약간 강도가 낮은 개인화다. 예를 들면 요즘은 맥주를 좋아해서 보통 때 혼자서도 잘 마시고 지인들과 어울려 마시는 것을 즐기는 사람이 많다. 그런데 맥주가 오직 500밀리리터짜리 한 가지만 나온다면 어떨까? 혼자 가볍게 마실 때는 양이 조금 많게 느껴질 것이다. 뒀다가 마시면 탄산이 빠져 맛이 없어서 남은 건 버려야 한다. 반대로 지인들과 마실 때는 더 많은 맥주가 필요할 것이다. 그런데 요즘에는 소용량도, 대용량도 나오므로 상황에 맞게 소비하면 된다.

팔도 비빔장 라인업은 다양하다.(출처: 팔도)

비빔면의 맛을 내는 비빔장으로 주목받았던 팔도비빔장은 어마어마한 라인업을 자랑한다. 일반 제품, 스틱형 제품, 대용량 제품, 저칼로리 소스 등 상황에 맞춰 다양하게 사용할 수 있다. 한 가지 제품만 내놨어도 잘 팔렸을 것이다. 하지만 팔도는 각자 상황에 맞게 소비할 수 있도록 라인업을 구성했고, 덕분에 트렌드에 잘 적응하며 높은 판매량을 기록하고 있다.

이렇듯 맥주와 비빔장의 이야기는 모두 개인화와 연결되어 있다. 상황에 따라 사용하는 건 개인화에 가깝다. 물론 커스터마이징보다 개인화 정도는 약하지만, 대량의 제품으로 가능한 개인화 방식이다.

또 다른 한 가지는 고객 세분화를 통한 개인화다. AI를 활용할 수도 있고, 데이터 수집을 통해 구현할 수도 있고, 직접 CS를 통해 만들 수도 있다. 이는 매우 트렌디한 방식으로 떠오르고 있다. 예를 들어 기업이나 브랜드 입장에서 볼 때 보통의 대중보다 좀 더 관심을 가지는 사람이 있을 것이다. 반대로 별다른 관심이 없는 사람도 있다. 만약 이 두 대상에게 같은 빈도로 광고나 콘텐츠가 노출된다면 전혀 개인화가 되지 않는다. 고객의 성향에 따른 개인화가 이뤄지지 않으면 관심 있는 사람은 더 찾아보겠지만 그렇지 않은 사람은 오히려 반감만 가질 것이다. 어쩌면 고객이 될 가능성이 아예 사라질 수도 있다. 그러니 고객 세분화를 통해 개인화할 필요가 있다. 관심 있는 사람에게는 메시지를 좀 더 노출하고, 관심 없는 사람에게는 덜 노출해 부정적인 반응을 줄이는 식이다. 실제로 해외에서는 선별적 개인화로 광고 메시지를 노출해 매출을 끌어올린 사례도 많다. 국내에서도 렌터카 업체가 유사한 방식을 구현해 고객 전환 비율을 크게 높였다.

일상에서도 개인화가 이뤄지고 있다. 가까워질 것 같은 사람과는 소셜 미디어를 통해 많이 소통하지만, 그렇지 않다면 딱히 소통하려 하지 않는 것과 마찬가지다. 인간관계 역시 소통 가능성을 고려해 개인화가 이뤄지고 있다고 봐도 무방할 것이다. 어쨌든 고객 세분화를 통한 개인화 역시 개인주의를 반영하며, 대중은 개인주의를 바탕으로 기업과 브랜드를 바라본다. 기업과 브랜드 입장까지 고려해 소비하는 대중은 없다.

그렇다면 다양한 개인화 방식을 고민해야 하는 궁극적인 이유는 무엇일까? 트렌드이기 때문이다. 개인주의가 새롭게 정의되면서 개인주의와 어울리는 각종 트렌드가 주목받는 탓이다. 또한 고객 관리 측면에서 생각해보면 새로운 답이 나온다. 고객 관리 및 유지의 측면에서 개인화만 한 트렌드가 없다. 애초에 사람은 제품이나 서비스에 어느 정도 만족하면 딱히 변화에 대한 열망을 느끼지 못한다. 개인화는 변화에 대한 열망을 차단하는 좋은 방식이다. 제품이나 서비스가 나에게 상당 부분을 맞춰준다면 굳이 이탈할 필요성을 느끼지 못할 가능성이 높다.

요즘은 이 서비스에서 저 서비스로 넘어가는 게 어렵지 않다. 그저 기존 서비스를 지우고 새로운 서비스로 옮기면 끝이다. 심지어 이 과정이 복잡하거나 시간이 오래 걸리는 것도 아니다. 금융 서비스를 생각해보라. 쓰고 있는 서비스가 마음에 안 들어 주거래 은행을 옮긴다고 할 때, 딱히 어려울 게 없다. 물론 이체 한도나 다른 제약을 해결해야 할 수도 있지만, 옮기는 일 자체는 어렵지 않다. 그러니 고객이 이탈하는 상황을 인식하지 못하는 경우도 많다.

개인화는 이탈이 쉬워진 환경에서 고객을 감동시키는 좋은 방식이다. 감동까진 아니어도, 최소한 서비스나 제품에 만족하게 한다. 트렌드가 요구하는 개인주의에 부합하기 때문이다. 그러니 개인화는 선택이 아니라 필수라는 생각으로 적용해야 할 것이다.

헬스케어와 연관된 시장은 개인화가 빠르게 이뤄진다. 맞춤형 건

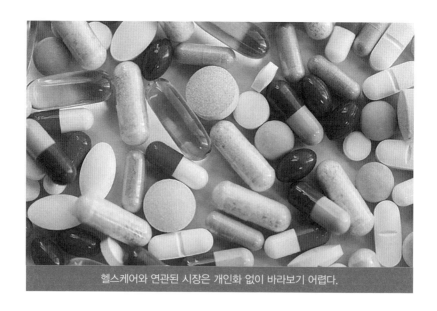

헬스케어와 연관된 시장은 개인화 없이 바라보기 어렵다.

강 진단이나 식단 관리뿐 아니라, 개인화 영양제 서비스가 성장세를 보인다. 자신의 건강 상태에 맞춰 필요한 영양제를 세팅해주는 서비스인데, 영양제 자체가 개인화되는 건 아니지만 영양제를 개인에 맞춰 조합해준다. 이를테면 피로감이 높은 사람에게는 피로 회복에 도움이 되는 영양제 조합을 보내주고, 면역력 증진에 관심이 있는 사람에게는 면역력을 키우는 영양제 조합을 보내주는 식이다. 이 같은 서비스는 대중이 다른 영양제를 찾아 서비스를 이탈하지 않도록 막아준다. 또 다른 기능이 필요하다고 해도, 다시 요청하면 끝이다. 그만큼 개인화는 각종 이탈 및 고객 감소를 막아내는 중요한 트렌드다.

알파세대를 두고 '혼자서도 잘 노는 세대'라고 할 만큼 집단이 아닌 개인을 중시한다. 성장하는 세대는 그런 변화의 중심에 있으며, 앞으로 개인적인 부분을 더 많이 챙기며 사는 일상을 경험할 것이다. 알파세대는 굳이 마음이 맞지 않는 친구를 원하지 않는다. 관심사를 다른 사람에 맞추지 않으며, 타인의 생활까지 간섭하고 싶어 하지 않는다. 그 대신 자신의 생각이나 생활에 집중한다. 그래서 혼자서도 잘 노는데, 이런 경향은 Z세대 역시 마찬가지다. 더 많은 것이 개인의 영역으로 바뀐다는 뜻이다. 이런 상황에서 개인화가 되지 않으면 대중의 만족도는 하락할 것이고, 굳이 선택할 필요성을 못 느끼는 상품이나 서비스가 될 가능성이 높다. 즉, 개인화는 진정한 개인주의 트렌드의 라이프 스타일에 가장 어울리는 개념이다.

개인주의는 이미 막을 수 없는 흐름이다. 삶은 철저하게 '나'를 중심으로 돌아간다. 생각을 전환하고, 가치를 바꿔야 한다. 개인주의를 이기주의와 혼동한다면, 기회를 잃을 것이다.

CONSUMP

PART 5

인스타그래머블,
SNS의 영향력은
따로 있다?

ONITRENDS

점보라면은
왜 나와야 했나?

편의점에 가보면 신기한 제품이 많다. 유통업계에서 가장 트렌드에 민감하고 젊은 소비층을 많이 흡수하는 곳이라 그런 게 아닌가 싶다. 게다가 근거리 소비 트렌드가 영향을 주는 지금, 편의점의 타깃 소

보통 라면의 사이즈와는 개념부터 달랐다.
(출처: GS리테일)

비층은 넓어지고 있다. 그러면서 눈길을 사로잡을 만한 포인트가 있어야 승부를 걸 수 있다. 그래서 신기한 제품이 많이 등장했다. 그중에서 유독 눈길을 끈 제품이 있었는데, 점보라면이다.

라면이나 컵라면은 보통 1인분을 기준으로 한다. 그런데 점보라면은 양이 많고 패키지도 컸다. 처음에는 이게 잘 팔릴지 내부적으로도 고민이 많았을 것 같다. 어쨌든 GS편의점에서는 점보라면 시리즈가 모두 매출 상위권에 오르는 파란을 일으켰다. 익숙해서 다소 느슨했던 라면 시장에 긴장감을 준 것이다. 덕분에 빵, 일반 식품 등 다양한 분야로 점보의 흐름이 이어졌다. 일단 크기를 키우고 보자는 생각이 퍼진 것 같기도 한데, 제품의 크기를 크게 만드는 건 마케팅용 화제몰이와 함께 사람들의 관심을 끌 수 있는 가장 확실한 방법으로 자리 잡았다.

반찬의 대명사, 용가리 치킨의 선택도
점보였다.(출처: 하림)

1999년부터 반찬으로 잘 팔리던 용가리치킨의 선택도 역시 점보였다. 스테디셀러의 반열에 오른 용가리 치킨이 점보를 선택했다는 건 상당히 의미가 크다. 확실한 인지도를 확보하고 있고 매출 면에서도 꾸준한 성과를 얻는 제품도 크기를 키워가며 또 다른 소통법을 찾는다는 뜻이기 때문이다. 자리 잡은 제품은 굳이 점보라는 옵션을 선택하지 않아도 될 것 같지만 현실은 그렇지 않다. 색다른 방식을 고민하고 대중에게 선보이려 애쓴다.

그렇다면 왜 점보일까? 우선 새로운 느낌을 줄 수 있다. 대중은 색다른 요소에 매우 민감하다. 집중하는 시간은 짧아지고, 이동이나 변경이 매우 쉬워졌으니 한 제품이나 서비스에 오래 머무르려 하지 않는다. 새로운 느낌을 주는 제품과 서비스를 찾아 움직인다. 기존에 소비하던 제품과 서비스가 변할 때까지 기다릴 필요도 없다. 그렇게까지 충성도가 있지도 않을뿐더러, 결국 내돈내산(자신의 돈을 써서 구매하는 서비스나 상품)이니 말릴 사람도 없다. 대중은 참을성이 없다. 소비 선택의 주도권을 손에 쥐었고, 최대한 활용하려 한다. 돈을 쓰는 일만큼은 자신이 리드하길 원하는 것이다. 이런 대중을 사로잡을 수 있는 건 결국 새로움이다. '이만큼' 새로운 것을 준비했으니 보고 느끼며 기존과는 다른 부분을 찾아보라고 권유하는 것이다. 점보는 이런 흐름을 대변한다. 대부분의 점보 제품은 이미 시장에 나와 있던 제품의 크기를 키운 것이다. 따라서 기존에 존재하던 제품을 새롭게 느낄 수 있다.

이 사실은 매우 중요하다. 앞으로도 대중은 매번 새로운 것을 찾아 헤매며, 새로움을 추구할 것이다. 당연히 인지도가 낮은 제품은 니즈를 충족시키도록 고민해야겠지만, 스테디셀러도 예외는 아니다. 새로움을 줄 수 없다면 도태된다. 이미 제품이나 서비스를 잘 알고 있는 팬층은 다를 수도 있겠지만, 미래의 고객은 새로움이 없다면 아예 끌어들일 수 없다. 그래서 펀슈머가 중요해진 것이다. 펀슈머란 재미를 바탕으로 새로움을 찾는 트렌드를 말하는데, 컬래버레이션을 통해 새로운 조합을 만들거나 흥미로운 요소를 강조해 특별한 제품을 창조해내는 방식으로 트렌드에 적응한다.

바나나맛 우유가 아무리 유명해도 트렌드는 변화를 요구한다.
(출처: 빙그레)

바나나맛 우유는 누구나 알 정도로 유명한 제품이다. 바나나맛 우유 특유의 용기 모양과 세대를 넘어 사랑받는 맛이 있다. 그동안 다른 회사에서 새로운 제품으로 도전장을 던졌지만, 바나나맛 우유의 힘은 여전히 강력하다. 그러나 트렌드가 바뀌며 가만히 있으면 살아남을 수 없다는 사실을 깨닫고 투게더맛 우유 등 다양한 맛으로 변신을 시도하며 펀슈머 트렌드에 적응하고 있다. 제품 라인업 확대와 점보 제품의 등장은 새로움을 추구하는 노력으로 이해하면 좋을 것이다.

인스타그램에
올릴 거 어디 없나?

인스타그래머블이라는 신조어가 있는데, 인스타그램(Instagram)과 '가능한'이라는 뜻을 가지고 있는 에이블(able)을 조합한 것이다. 풀이 하자면 인스타그램이 가능한, 즉 '인스타그램에 올릴 만한'이라는 뜻 이 된다. 이 트렌드는 상당히 의미하는 바가 많다. 다양한 관점에서 해석할 수 있기 때문이다.

모든 사람이 SNS형이거나 SNS에 무언가를 올려야만 하는 건 아 니지만, 중요한 소통 방식이다. SNS 계정을 열심히 운영하진 않아도, 때때로 게시물을 업로드하며 적정 수준에서 소셜 미디어 생활을 이 어가는 사람도 많다. 이들은 '좋아요'에 집착하진 않지만, 기왕이면 반 응이 좋은 게시물을 올리고 싶다고 생각한다. SNS에서 소통하는 몇 명이라도 반응했으면 좋겠다고 생각한다.

그렇다면 일반 제품과 점보 제품이 있을 때 어느 쪽을 SNS에 올리는 게 반응이 좋을 확률이 높을까? 일반 제품은 이미 잘 알고 있으니 반응할 필요가 없지만, 점보 제품은 기존에 경험하지 못한 새로움이 있다. 그러면 '좋아요'를 누르거나, 어디서 샀냐고 묻는다. SNS에 누군가가 업로드하고 반응이 온다는 건 그 자체로 바이럴 마케팅이 된다. 그러니 기업과 브랜드 입장에서는 피할 이유도 없고, 적응하지 않을 이유도 없는 것이다. 즉, 인스타그래머블 트렌드를 이해하는 건 곧 마케팅 성공의 가능성을 높일 수도 있다는 의미다.

매운맛은 지치지 않는 인스타그래머블이다.
(출처: 롯데웰푸드)

실제로 인증샷이 가능한 식품은 SNS에 업로드가 이어지며 입소문을 탔고, 상당한 매출을 기록하는 인기 상품 반열에 올랐다. 누군가가 억지로 리드한 챌린지가 아니라, 대중이 자발적으로 참여하는 챌린지는 반응이 좋았다. 대중의 눈에도 억지로 만든 챌린지가 아니라는 게 느껴지니, 그야말로 인스타그래머블해 보인 것이다. 그러니 너도나도 참여해 반응이 커진다. 반응이 커지니 챌린지에 활용된 제품이 팔려나가고, 챌린지할 만한 제품의 매출이 상승한다. 모두 인스타그래머블을 잘 활용한 케이스였고, 점보 역시 마찬가지다.

매운맛 관련 제품도 계속해서 출시되고 있다. 누가 더 매운맛을 선보이는지 경쟁하는 것처럼 보일 만큼 매운맛이 아닌 식품에도 매운맛을 첨가해서 선보이곤 한다. 매운맛 관련 콘텐츠가 가장 많이 올라오는 곳은 SNS인데, 일명 맵부심(매운 것을 잘 먹는다는 자부심)을 드러내기 위한 챌린지가 성행하기 때문이다. 콘텐츠를 보기만 해도 매운맛이 느껴질 정도로 강렬한 제품을 소비하지만, 대중들은 이 챌린지에 함께하고 싶어 한다. 인스타그래머블하다고 느끼기 때문이다. 매운맛 관련 챌린지에 도전하면 그렇게 매운 걸 먹었는데 괜찮냐는 걱정과 놀라움이 댓글이나 반응으로 드러난다. 물론 반응을 얻기 위해 SNS를 하진 않지만, 반응이 없는 것보다는 좋으니 점보, 매운맛 챌린지와 같은 인스타그래머블한 것을 끊임없이 찾는다.

인스타그래머블 트렌드는 누구에게나 새로운 기회를 줄 수 있다. SNS에 올릴 만한 재료를 찾으면 누구에게나 주목받을 기회가 열려 있기 때문이다. 실제로 점보 제품은 SNS와 유튜브 먹방의 좋은 소재가 되었다. 먹방 소재로 가장 크게 사랑받으며 유통업계를 놀라게 할 정도였다. 그러니 인스타그래머블은 단순히 SNS를 즐기는 사람들만이 생각해야 할 트렌드는 아니다.

평소에 대중들이 SNS에 어떤 것들을 올리는지 주목해야 한다. 어떤 부분에 반응하고, 어떤 소재를 가장 좋아하는지 관찰할 필요가 있다. 또한 강조할 수 있는 흥미로운 포인트가 무엇인지 고민해야 한다. 아무리 좋은 강점이 있다고 해도, 흥미로운 포인트가 없다면 굳이 반응할 이유가 없다. 기획과 마케팅의 측면에서 사전에 강조할 포인트를 설정하고 흥미롭게 적용할 수 있는 방법을 고민해야 할 것이다. 가격과 성능은 충족시켜야 하지만 이것만으로는 부족하므로 대중이 SNS에 올릴 만한 것을 끊임없이 제공해야 한다. 인스타그래머블을 이해할 때, 대중이 업로드하는 것은 반응이 나올 법하거나 기존에 잘 볼 수 없었던 소재라는 사실임을 알아야 한다.

MZ세대와 알파세대는 상당히 주체적인 세대라 타인의 이야기에 잘 휩쓸리거나 흔들리지 않는다. 굳이 따라갈 필요성을 못 느낀다. 그런데도 SNS에 올릴 만한 챌린지나 현상이 보이면 쉽게 동참하고, 다양한 콘텐츠를 만들어낸다. 인스타그래머블한 콘텐츠를 올리는 게 곧 소통이기 때문이다. 자신의 콘텐츠에 반응하는 사람들과 소통하고, 콘텐츠를 기반으로 소셜 활동을 이어간다. 인스타그래머블은 단순히 유행을 따라가는 게 아니라, SNS에서 소통하는 방식인 것이다. 사람들의 대화를 시작하려면 소재가 필요하고, 또 이런 소재를 먼저 준비해 소통을 시도해야 한다. 이런 조건에 인스타그래머블은 정확히 일치한다.

인스타그래머블로 만들어가는 소통은 불특정 다수와 소통하며 마음이 맞는 사람을 찾아가는 과정이다. 이렇게 시작된 소통으로 만난 사람들과 하는 소통의 방식은 뒤에서 소개할 디지털 캠프파이어에서 다룰 예정이다. 인스타그래머블은 재미있어 보이는 아이템을 먼저 발견했기 때문에 과시하겠다는 마음으로 올리는 게 아니다. 또한 자신만이 해당 아이템을 소개할 수 있다는 자의식 과잉에서 비롯되는 것도 아니다. 상당히 입체적인 의도와 생각이 숨어 있다.

재미있거나, 보기 좋거나, 유용하거나, 인스타그래머블의 조건

그렇다면 인스타그래머블은 꼭 재미나 신기함에만 집중하는 걸까? 이런 재미와 신기함을 바탕으로 소통을 시도하는 게 인스타그래머블일까? 당연히 아니다. 트렌드라고 할 정도면, 좀 더 많은 이야기가 숨어 있을 것이다.

일단 점보 제품과 펀슈머 성향으로 소개한 재미나 신기함은 인스타그래머블의 가장 기본적인 조건이다. SNS에서 반응을 얻을 가능성이 높고, 소통이 이뤄질 가능성 또한 높다. SNS에 업로드하는 목적을 충실하게 달성한다. 그러니 가장 기본적인 요소라고 하겠다.

재미와 신기함뿐 아니라 보기 좋아서 올리기도 한다. 일명 '인스타 감성'이라고 부르는 장면이다. 구도가 좋거나, 풍경이 멋지거나, 같은 아이템이라도 좋은 배경에서 찍을 수 있는 것을 말한다. 같은 사진을 찍어도 더 좋은 느낌으로 찍는 사람이 있는데, 이런 사람은 인스타그래머블한 콘텐츠를 잘 만들어낸다. 사진을 찍으면 AI를 동원해 근사한 배경으로 바꿔주는 서비스도 등장했다. 보기 좋은 콘텐츠를 담는다는 인스타그래머블의 방향성은 브랜드 충성도나 인지도 확보 혹은 커뮤니티 형성의 목적을 충실하게 달성한다. 콘텐츠가 보기 좋으면 해당 SNS를 운영하는 브랜드를 강하게 인지하고, 계정 활동 가능성이 높아지니 커뮤니티화될 가능성도 높아진다. 그래서 마케팅이나 개인 브랜딩, 각종 포트폴리오 등을 원한다면 이 부분에 주목해야 한다.

보기 좋다는 개념은 심미성이다. 심미성이란 조화를 이룬다는 것인데, SNS 콘텐츠도 조화로워야 인스타그래머블하다. SNS에 올릴 만한 콘텐츠가 되는 것이다. SNS에서 심미성이란 통일성을 뜻하기도 한

플래그십 스토어는 점포를 넘어 이미지를 담은 공간이 되고 있다.(출처: 스와치)

다. 감성이나 방향성, 메시지가 어느 정도 일치하는 것을 말한다. 콘텐츠 하나에 집중해서는 불가능하다. 전반적인 구도를 그려보고 콘텐츠를 조망할 수 있어야 통일성을 확보할 수 있다. SNS에서 심미성이 결여된 콘텐츠를 보고 싶은 사람은 없을 것이다. 사진을 찍을 때도 구도를 고민하는데, 타임라인에 뜰 팔로 계정을 쉽게 선택할 리 없다. 그래서 자신의 심미성의 기준에서 크게 벗어나지 않을 계정을 고른다.

이런 트렌드를 타고 브랜드나 기업의 플래그십 스토어(주력 혹은 대표 매장)가 점점 진화하고 있다. 과거에는 브랜드의 제품을 모두 가져다 놓고 매출만 올리거나, 유동 인구가 많은 곳에 두고 노출시키는 경우가 많았다. 여전히 좋은 곳에 위치하지만, 이제는 브랜드의 이미지를 담는 공간으로 탈바꿈하고 있다. 누가 사진을 찍어도 잘 나오는 공간 연출 및 디자인도 필수다. 대개는 제품 사진은 SNS에 올리지 않지만, 사진이 잘 나왔다면 올리고 싶어 할 것이다. 인스타그래머블을 잘 활용한 플래그십 스토어나 기타 공간은 앞으로도 더 많아질 것으로 예상된다.

또 다른 인스타그래머블 요소는 유용함이다. 심미성을 따지기 어렵거나, 재미있는 요소를 더하기 어려울 때 고민해봐야 할 특징이다. 이런 방식의 인스타그래머블은 대중과 거리가 멀 수도 있다. 그러나 기업이나 브랜드, 기관이 택할 수 있는 인스타그래머블한 요소이면서, 대중이 반응하고 싶은 SNS 콘텐츠가 될 수는 있다. 예를 들어 마케팅은 해야 하는데 도저히 올릴 게 없다. 인스타그래머블해야 하는데, 딱딱하고 재미없다면 쓸 만한 정보를 생각해본다. 정보는 반응하기 쉽다. 유용하다면 적극적으로 반응하기도 하고, 저장해두기도 한다. 혹은 24시간 동안 게시되는 스토리 등을 활용해 공유하기도 한다.

사실 정보는 가장 편하게 접근할 수 있는 요소이지만 자주 놓치곤한다. 대중의 입장에서는 도움이 될 만한 것을 찾아 헤매다 마주치면 가장 반가운 것이기도 하다. 재미가 없어도, 심미적으로 딱히 맘에 들지 않아도 반응하고 공유한다. 그래서 인스타그래머블의 또 다른 형태가 될 수 있다.

활용 가능성이 가장 큰 정보들을 수집하는 건 기본이다.
(출처: 서울시)

정보로 만들어내는 인스타그래머블은 기업이나 브랜드도 많이 시도하지만, 기관에서 많은 관심을 보인다. 대중이 활용 가능한 정책이나 장소, 프로그램 등을 주제에 맞게 소비하는 것이다. 앞서 소개한 펀슈머 트렌드에 어울리지 않지만, 대중이 반응하고 공유한다. 도움이 되기 때문이다.

'텍스트힙'이 알려주는 지혜, 인증의 중심에 서라

일단 인스타그래머블은 온/오프라인을 넘나든다. 혹은 공간을 초월하기도 한다. 보통 인스타그래머블은 누군가의 경험에 기댄다. 어디를 갔고, 무엇을 먹었는지 등 대중이 경험하며 남기고 싶은 기록 중 가장 흥미로운 지점이 인스타그래머블로 이어진다. 그렇다면 똑같은 일상보다는, 특별한 일상을 만들어준 그 무엇을 인스타그래머블하다고 생각하지 않을까?

팝업스토어의 성지로 불리는 성수동에는 각자 흥미로운 포인트를 가지고 대중을 사로잡는 팝업스토어가 많이 열린다. 그리고 어김없이 엄청난 인증샷이 쏟아진다. 인증샷은 고스란히 누군가의 SNS에 업로드된다. 인스타그래머블하다고 생각하니 업로드하는 것이다. 그래서 오프라인에서의 인상적인 이야기가 온라인으로 옮겨지고, 온라인에서의 인상적인 정보가 오프라인으로 연결된다. 일회성에 그치는 것도 아니고, 한 가지에 매몰되지도 않는다. 특정 주제에 몰입하는 계정이 아니라면, 온라인과 오프라인을 넘나들며 다양한 주제가 펼쳐진다. 따라서 좁은 시선으로 인스타그래머블 트렌드를 바라본다면 제대로 이해하기 어려울 수도 있다. 재미있거나, 심미적 관점에서 부족함이 없거나, 유용한 경험이 복합적으로 작용하며 인스타그래머블한 콘텐츠를 만들어낸다. 그러니 온/오프라인을 구분하기보다는 다양하게 인증하는 인스타래머블한 요소를 점검하는 게 트렌드를 이해하는 올바른 방식이라고 하겠다.

SNS를 가장 잘 이용하는 세대는 개인 브랜딩에 관심이 많다. 인스타그래머블은 브랜딩과 연결되기에 브랜딩에 적합하지 않다고 생각한다면 굳이 올릴 필요성을 느끼지 못한다. SNS는 개인 브랜딩의 공간이다. 팔로워들이 자신을 어떻게 생각할지, 이제껏 쌓아온 SNS 이미지에 문제가 없을지 등 세심한 판단을 거쳐 업로드한다. 아무 생각 없이 SNS를 이용하는 사람도 꽤 있지만, SNS 역시 사회(소셜)이기 때문에 무작정 달려드는 건 매우 부담스럽다. 그래서 인스타그래머블을 이해하려면 브랜딩 니즈도 함께 생각해야 한다.

그러므로 텍스트힙(Text Hip)이라는 트렌드에 주목할 필요가 있다. 말 그대로 텍스트가 힙하다는 뜻이다. 텍스트가 멋있거나 닮고 싶은 게 아니라, 텍스트를 읽는 행위가 멋져 보이는 것이다. 그래서 책 읽는 사진을 인증하기도 하고, 읽고 있는 책을 소개하기도 한다. 책에서 인상적인 부분을 필사해 인스타그램에 올리기도 하고, 책과 관련된 경험을 공유하기도 한다. 이런 모든 활동이 텍스트힙 트렌드에 해당한다. 이 흐름은 인플루언서나 연예인이 책을 들고 있는 사진이 찍히거나, 대중교통에서 책을 읽는다는 내용을 공유하며 관심을 받은 것이다. 그런데 대중도 이런 움직임을 보이고 있다. 일각에서는 텍스트힙은 과시의 수단이라고 말한다. 책에 관심이 있는 자신을 과시하고, 이를 통해 SNS에서 영향력을 확대하려 한다는 것이다. 한편으로는 이야기하고 싶은 책에 대한 경험이 자신에게 의미가 있다는 사실을 알리고, '있어 보이는' 이미지를 만드는 브랜딩의 과정이라고 본다. 단순 과시로는 판단하기 어려운 복잡한 의도가 있는 것이다.

꼭 텍스트힙이 아니라도 평소 자신이 반응했던 주제와 타임라인상에서 자신을 더 돋보이게 할 요소를 고민한 다음, 그 기준에 부합하는 것 중 최종적으로 인스타그래머블한 것을 선별해 업로드한다. 때로는 텍스트힙과 같은 복잡한 의미를 담는 게 아니라, 단순히 과시욕이 지나친 계정도 있다. 그런 계정은 잘못된 브랜딩이라고 하겠다.

인스타그래머블이라는 트렌드는 단순하지 않다. 다양한 조건과 함께 개인의 생각까지 반영하는 복잡한 트렌드다. 게다가 유튜브와 같은 다른 뉴미디어와 연결되며 앞으로도 많은 이들의 생각을 지배할 것이다. 업로드에 복합적으로 이어지는 대중의 생각을 이해해야 트렌드를 리드하는 지혜를 얻을 것이다.

CONSUMP

PART 6

똑같은 사진,
인생네컷은
왜 계속 흥할까?

ONTRENDS

반복 싫어하는 세대,
근데 왜 인생네컷은 계속 찍을까?

학교 다닐 때 공부가 싫었던 것은 반복해서 보고 외워야 했기 때문이다. 짜증이 나거나 지루할 때도 있어서 도대체 이걸 왜 하고 있는지 의문이 들 때도 있었다. 그래도 어차피 해야 하는 일이라는 반쯤 포기한 마인드로 학창 시절을 버텼다. 그런데 Z세대와 알파세대에게는 '어차피 해야 하는 일'이라는 인식이 그다지 없다. 명확한 명분이 필요하고, 반드시 이유가 있어야 한다. 반복하는 이유에 공감할 수 있어야 실행하는 것이다. 그래서 단순 반복 혹은 암기형 공부는 점점 의미를 잃고 있다. 더 나은 공부법을 찾으려 노력하며, 단순한 반복을 벗어나기 위해 애쓴다.

그런데 이런 특성을 가진 세대가 의외의 장소에서 '반복'을 하고 있다. 바로 인생네컷으로 대표되는 인화형 사진 서비스다. 사진 찍는

멤버가 같거나, 즐기는 코스가 같거나 하는 식으로 반복되는 것처럼 보인다. 그렇다면 단순 반복을 싫어하는 세대 특성과 어울리지 않는다. 그런데도 인생네컷을 찍으러 간다. 아니, 인화형 사진 서비스가 트렌드를 이루고 있다. 도대체 왜 그런 걸까?

인생네컷은 인화형 사진이다. 알파세대는 디지털만 경험한 세대고, Z세대는 디지털과 아날로그를 함께 경험했으나 디지털이 좀 더 편하다. 사진은 대개 핸드폰으로 찍는다. 디지털카메라보다 카메라가 달린 스마트폰이 더 친숙하다. 그래서 인화된 형태의 사진을 경험해본 적

굿즈로 이용자를 폭발적으로 증가시킨다.
(출처: 국민은행)

이 별로 없다. 그런데 알파세대와 Z세대는 특별한 것을 소장하는 데 관심이 많다. 사진은 특별한 순간을 남기는 것인데, 도대체 왜 소장할 수는 없을까? 이 물음에서 출발한 아이디어 중 하나가 인화형 사진 서비스다.

실제로 트렌드는 소장 욕구를 강조한다. 한정판이라는 이름으로 소장하길 권유하기도 하고, 각종 굿즈를 통해 소장욕을 자극하기도 한다. 특히 앞서 설명한 디깅의 대상인 굿즈는 앞다투어 사려고 오픈런하기도 한다. 디지털 세상에 존재하는 각종 아이템도 많고, 신발이나 의류 등도 소장의 대상이 된다. 관심사가 강조되고 과거보다 경제적 여력이 늘어난 세대가 등장하며 폭발적으로 소장하기 시작했다. 이런 트렌드를 반영한 대표적인 사례가 바로 인화형 사진이다.

국민은행은 인화형 사진이 뜻하는 트렌드를 잘 읽은 사례다. 그래서 일명 굿즈 맛집으로 불리기도 한다. 인기가 있었던 굿즈 컬래버레이션 이벤트 때는 2,024명의 당첨자를 뽑는데 무려 116만 명이 몰리기도 했다. 그 덕에 2년 사이에 월간 활성 고객이 300만 명 넘게 늘었다. 물론 일시적인 결과일 수도 있다. 하지만 실효성 있는 굿즈가 이어진다면 꾸준히 고객을 유지할 가능성이 있다. 또한 이 기회를 타고 서비스를 경험해본 사람들이 고객이 될 수도 있다. 여러모로 긍정적 가능성을 가지고 있는 상황을 '소장'이라는 가치로 만들어냈다고 보면 좋을 것이다.

소장품은 투자한 시간과 노력에 대한 보상일 수도 있다. 그만큼 많이 기다렸고 신경 썼으니 직접 손에 쥐고 대상을 느껴보고 싶어진다. 인생네컷도 마찬가지다. 사진을 찍기 위해 친구들과 만나서 시간도 투자하고 비용도 썼고 예쁘게 꾸몄다. 그러니 이 보상으로 눈으로 보고 느낄 수 있는 사진은 매우 좋은 소장품이 된다. 그래서 반복적으로 찍는 과정이 싫지 않다.

게다가 소장은 소비의 흔적이다. 타인에게 자랑할 수도 있고, 쉽게 상황을 이해시킬 수 있다. 또한 자신이 썼던 시간과 돈에 대해, 그래도 무언가 하나는 남겼다는 안도감을 느끼게 한다. 만약 아무것도 없다면, 만족감은 좋은 소비를 했다는 믿음일 뿐이다. 하지만 그것만 가지고는 타인에게 인정받기 어렵다.

대중은 단순히 돈과 시간을 썼다는 기억만으로 만족하지 않는다. 그래서 SNS에 무언가 남기려고 애쓰고, 굿즈 같은 상품으로 그 시간을 기억하려 한다. 그러니 대중이 소비의 흔적을 가져갈 수 있는 방식을 고민해야 한다. 특히 오프라인 공간으로 방문을 유도한다면, 의미 있는 흔적 하나쯤은 반드시 남아야 한다. 또한 다양한 시간 기억 방식을 제시해야 한다. 사진은 시간을 기억하고 손에 쥘 수 있는 방법 중 하나다. 이처럼 자신이 보낸 시간을 각자의 방식으로 기억할 수 있는 기회를 제공해야 한다. 이 방식은 타인에게 공유할 수 있어도 좋고, 그렇지 않아도 좋다. 가장 중요한 건 대중을 만족시키는 데 주력해야 한다는 것이다.

포토덤프, 과정을 중시하면
생각이 바뀐다?

포토덤프(Photo Dump)는 사진을 대량으로 올리는 것을 뜻한다. 특히 A컷이 아닌 B컷 사진을 올리는데, 오히려 이런 사진을 선호하는 경향이 강해지고 있다. 잘 나오지 않거나 초점이 흔들리거나 하면 업로드하지 않는 것이 일반적이었는데, 이제는 잘 나오지 않은 사진도 함께 업로드한다. 초점이 흔들리거나 피사체의 표현이 조금 어색해도 괜찮다. 올리려고 마음먹었던 게시물에 모든 사진이 업로드된다. 얼핏 생각하면 이해하기 어렵다. 잘 나온 사진만 올려도 부족할 것 같은데, 도대체 왜 잘 안 나온 사진까지 업로드할까?

요즘은 결과만큼이나 과정을 중시한다. 과거에는 과정을 기록할 방법이 없어서 결과에만 집중했다. 게다가 사회 전반에 만연한 성과제일주의로 결과에만 시선을 돌렸다. 그러니 아무리 과정을 잘 수행했어도 결과가 만족스럽지 못하다면 의미가 없었다. 하지만 지금은 과정을 기록할 수 있는 방법이 생겼다. 사진을 찍어 SNS에 업로드할 수도 있고, 브이로그 형태의 영상으로 만들 수도 있다. 그렇게 자신이 얻는 가치를 설명하며 소통하고, 그로 인한 결과가 어떻든 자연스럽게 받아들인다. 과정을 통해 얻은 게 있으니 결과가 나쁘더라도 앞으로 더 나아질 가능성은 충분하다.

포토덤프 역시 마찬가지다. 여러 번의 촬영을 거쳐 최종본을 손에 넣는 과정에서 시행착오는 있었지만 과정은 명확히 남았다. 최종본을 얻기 위해 찍은 다양한 사진이 있으니 말이다. 그 과정을 나타내는 사진을 최종본과 함께 올려 다양한 이야기를 만들어낼 수 있다. 타인에게 팁을 알려줄 수도 있고, 더 나은 결과물을 얻기 위한 동기부여로 사용할 수도 있겠다. 즉, 최종본만 가치가 있는 게 아니다. 그래서 B컷, 다시 말하자면 쓰지 않을 법한 콘텐츠에도 주목하기 시작했다. 이게 바로 포토덤프의 핵심이다.

현재 트렌드는 인위적인 것보다 자연스러움을 추구한다. 꾸미는 것은 커스터마이징하는 제품이면 충분하다. 자기 자신은 지나치게 꾸미려 하지 않는다. 자신을 꾸미는 시도가 타인의 취향에 자신을 커스터마이징하는 셈이라는 걸 깨달았기 때문이다. 그래서 굳이 사진의 상황을 설정하거나 영상을 완벽히 세팅해 찍으려 하지 않는다. 자연스럽게 담아내면 그만이다.

이런 트렌드는 여러 방향으로 영향을 미친다. 자신의 몸에 대한 이해와 존중을 추구하는 '바디 포지티브' 열풍, 브이로그보다 자연스러운 모습을 보여주고 싶어 택하는 라방, 자연스러운 모습이나 이미지를 강조하는 연예인들의 콘텐츠 등이 모두 이런 트렌드를 반영한다. 어쩌면 대중이 세팅된 모습에 지친 것일 수도 있겠다. 보정이나 세팅은 상당한 스트레스를 준다. 만족할 만큼 보정과 세팅을 진행해놓고도 SNS와 같은 뉴미디어에 한 번 업로드하면 끝이다. 한 번의 업로드를 위해 극심한 스트레스를 받아가며 자신을 포장할 의미가 없는 것이다.

그래서 인스타그램의 사진을 꽉 채워 올린다. 블로그는 사진을 다량 업로드하고, 친구들한테 사진을 보낼 때도 여러 장을 보낸다. 어느 사진이 더 잘 나왔는지 고민할 필요도 없다. 이런 쓸데없는 고민을 하는 시간에 빨리 업로드하는 게 더 효율적이다. 이 과정을 통해 자신의 취향이나 생각을 드러내기도 한다. 여러 장이 업로드된 사진을 보면, 한 장을 접할 때보다 더 많은 정보를 알 수 있다. 낯선 곳에 가서 신나게 돌아다니며 사진을 찍었다면, 그 동선은 취향이나 생각을 반영할 것이다. 맛집 사진을 올리는 것을 봐도 취향이 드러난다. 한 장만 올렸

콘텐츠가 쏟아질 상황을 놓칠 리 없다.(출처: 네이버)

을 때는 부족했던 표현이 풍성해진다. 나를 말하는 또 다른 기회처럼 느껴질 수도 있다. 그래서 포토덤프가 더 중요하게 다가온다.

블로그와 같은 뉴미디어는 이 트렌드를 매우 적극적으로 활용한다. 이벤트나 챌린지 등을 통해 콘텐츠가 쏟아지게끔 유도한다. 다양한 B컷까지 올라오면 콘텐츠가 늘어나고, 다양한 대중의 검색 수요를 흡수할 가능성도 있다. 콘텐츠가 주를 이루는 뉴미디어에서 포토덤프는 아주 오랫동안 활용할 트렌드일 것이다.

인생네컷과 같은 인화형 사진 서비스의 경우에도 한 장만 찍지 않는다. 다양한 구도와 표정으로 여러 장을 찍는다. 장난치고, 대화하며, 때로는 깔깔거리며 찍은 사진이라 A컷은 아닐 수도 있다. 하지만 상관없다. 사진 찍는 순간을 즐기는 과정이 담겨 있어서 친구들과의 이야기 재료로 손색이 없다. 포토덤프의 개념이 그대로 담겨 있다. 만약 인생네컷이 베스트 컷 한 장만을 골라야 했다면 지금처럼 트렌드를 형성하지 못했을 것이다.

기업과 기관, 브랜드가 만들어내는 과정을 살펴볼 필요가 있다는 말에 공감하는 사람도 많지만, 공감하지 못하는 사람도 많다. 업무가 바쁜데 과정까지 신경 쓸 겨를이 없다는 것이다. 하지만 생각을 바꿔야 한다. 과정은 나를 말하는 또 다른 방식이다. 노력을 표현할 수도 있고, 더 나아지는 발전 과정을 표현할 수도 있다. 대중은 이를 통해 새로운 이미지를 포착한다. 굳이 주입하려 하지 않아도 자연스럽게 브랜딩이 형성되는 것이다.

지금은 성공적인 궤도에 진입한 유튜브 채널을 떠올려보자. 한 방에 지금의 결과를 얻은 걸까? 당연히 그렇지 않다. 시행착오도 겪었고, 실패한 영상도 있을 것이다. 하지만 그런 영상이라고 해서 비공개로 처리하거나 지우지 않는다. 그 과정도 콘텐츠다. 과거의 영상을 보며 이 채널이 노력한 지금까지의 서사를 온몸으로 느낄 것이다. 인스타그램도 마찬가지다. 성공한 계정이 처음부터 공감을 얻었던 건 아니다. 그리고 대부분 과거의 시도를 지우지 않는다. 그 또한 계정의 일부라고 보는 것이다. 과정을 말하고, 이 과정에서 발견할 수 있는 빛나는 메시지가 있다. 그러니 과정에 주목하라. 화려하지 않아도 좋다. 과정을 담아내다 보면 트렌드가 원하는 새로운 소통 기회가 열릴 것이다.

앞으로도 대중은 다양한 사진을 모두 업로드하며 자신의 취향이나 생각을 은연중에 드러내려 할 것이다. 어설픈 과정을 공유하며 지인들과 대화할 것이며, 그 또한 나라는 생각으로 색다른 뉴미디어 생활을 이어갈 가능성이 높다. 인생네컷의 과정의 미학을 꼭 이해하길 바란다. 완벽한 것만이 해답은 아니다. 완벽함을 추구해가는 과정에서 드러난 노력에 좀 더 귀 기울이길 바란다.

오늘과 내일은 다르다,
새로움을 느끼게 만드는 3가지 방식

새롭다는 건 중요하다. MZ세대와 알파세대는 매일같이 새로운 걸 찾는다. 기왕이면 뻔한 것보다는 새로운 게 좋다. 새로움을 경험할 수 있다는 사실이 확실한 소비의 명분이 된다. 문제는 새로운 감정을 제공하는 게 쉽지 않다는 것이다. 모든 걸 다 바꿔야 할 것 같고, 세상에 없던 무언가를 내놔야만 할 것 같다는 부담감이 느껴진다. 기업과 브랜드도 같은 상황일 것이다. 대중이 새로움을 느끼게 하려면 전에 없던 개념을 들고나와야 한다고 생각할 것이다. 과연 가능할까? 하지만 완벽히 새로운 걸 제공하기는 쉽지 않다. 그러니 원점부터 다른 생각이 필요하다.

대중이 새로움을 인지하는 방식은 매우 직관적이다. 인생네컷의 경우, 왜 반복적인 사진을 자꾸 찍을까? 오늘과 내일이 다르기 때문이다. 옷이 바뀌거나 헤어스타일이 다를 수도 있고, 마음가짐이 달라졌을 수도 있다. 소품이 다를 수도 있고, 구도가 바뀌었을 수도 있다. 모든 걸 바꾸지 않지만 약간만 변화해도 다르게 느껴진다. 게다가 오늘은 어제와 다르며 자신이 경험해보지 못했던 시간이다. 그러니 같은 경험도 어제와는 다르다.

좋아하는 가수의 공연은 몇 번이고 가고, 취미를 반복적으로 행하고, 정말 좋아하는 일은 하고 또 한다. 하지만 매번 느낌이 다르다. 오늘 본 공연과 내일 볼 공연은 다르다. 그러니 계속해서 봐야 하는 이유가 생긴다. 이처럼 새로움은 단순한 것에서 비롯된다.

우선, 경험해보지 못한 것은 새롭게 느낀다. 잘 몰랐다면 새롭다. 직접 경험하지 않았다면 새로울 수 있다. 오늘 찍은 사진은 어제 경험해보지 못한 것이다. 그러니 새롭다. 이렇게 단순하고 명료한 새로움의 개념이 트렌드에 광범위하게 영향을 미친다. 과거에 나왔던 브랜드

트렌드는 필름 카메라가 다시금 신제품이 나오게 한다.
(출처: 리코 이미징)

중 단종되거나 더 이상 생산되지 않았던 것이 복귀를 선언하고 다시 생산되는 경우가 늘었다. 지금의 세대에게는 경험해보지 못한 브랜드이기 때문이다.

필름 카메라는 과거의 아이템이다. Z세대는 필름 카메라가 무엇인지 알고 있지만 써본 적이 없고, 알파세대는 아예 경험이 없다. 이런 상황에서 중고가 아닌 필름 카메라가 다시 생산되고 있다. 단순한 것에서 새로움을 찾는 트렌드를 반영한 셈이다. 필름 카메라를 잘 모르니, 폰카나 디카보다 훨씬 새롭다고 느낀다. 이런 흐름을 타고 폴라로이드 카메라도 인기다.

방향성이 달라졌을 때도 새롭게 느낀다. 대표적으로 기관들의 뉴미디어 활용을 생각할 수 있겠다. 기관에서는 마치 공식처럼 정해진 틀에 맞춰 뉴미디어를 활용했다. 공공의 이익과 직결되는 일을 다룬다는 점이 영향을 줬다고 볼 수 있겠다. 하지만 트렌드가 달라지며 똑같은 방식으로는 더 좋은 정보를 멀리 퍼뜨릴 수 없다는 걸 깨닫고 방향을 바꿨다. 진지함을 벗어나 챌린지 등 다양한 방식을 활용해서 익숙함을 벗어나려 노력을 기울였다. 이제 기관들은 새로움을 주기 위해 기존의 노선을 탈피하려 애쓴다.

현대자동차는 기존에 수행하던 마케팅 방식을 완전히 바꿨다. 인스타그램에서 소통하기도 하고, 게임을 활용한 마케팅도 진행한다. 게다가 단편영화도 만들었다. 13분짜리 영화인데, 영화 자체의 틀도 깨버렸다. PPL이라고 생각할 수 있을 텐데, 13분 내내 차량의 전체 모습은 나오지 않는다. PPL의 정석도 깨버렸다.

무엇보다 세계관이
독특하면 새롭다고 느낀
다. 세계관이란 자신만의
스토리 혹은 콘셉트를
만들어내는 것이다. 세계
관은 소통과 시도의 기
준이 되며, 대중은 새로
운 세계관을 따라 많은
것을 시도한다. 예를 들
어 딱히 특이한 점이 없
던 제품인데 색다른 세
계관을 구축해 들고 나오
면, 뉴미디어에 이를 활
용한 다양한 콘텐츠가

틀을 깨는 게 익숙해야 트렌드를 리드할 수 있다.
(출처: 현대자동차, 스태넘)

올라오고 세계관에 따라 소통을 시도한다. 당연하지만 새롭다. 대중
은 세계관을 수행하면서 더욱 몰입할 수 있고, 콘텐츠를 따라가다 보
면 세계관에 더 빠져든다. 그렇게 새로움을 느끼며 제품이나 브랜드를
강하게 인식한다. 그러면 소비한다.

트렌드는 기존의 방식 외에 몰입할 대상을 원한다. 대중은 SNS에
도 올려보고, 정말 제대로 즐길 수 있는 뉴미디어 소통법을 찾는다.
세계관은 변화를 상징한다. 그리고 새로움을 만들어내는 확실한 요소
로 작용한다.

몰입할 수 있는 세계관을 적용하는 건 언제나 새롭다.
(출처: 롯데월드)

　　오프라인 공간에서도 다양한 시도를 아끼지 않는다. 특히 테마파크와 같은 곳은 세계관을 활용해 콘텐츠를 만들고 새로운 경험을 제공한다. 이미 방문했던 테마파크는 새로울 게 없다. 이런 밋밋함에 세계관이 긴장감을 부여한다. 그렇기에 대중은 세계관에 몰입하며 기존에는 경험하지 못했던 새로움을 느끼고, 반복적인 소비가 일어난다.

너는 프레임이 있니?

인생네컷을 계속 찍을 수밖에 없는 이유는 바로 프레임이다. 사진의 틀을 말하는 것인데, 인생네컷은 다양한 컬래버레이션을 통해 프레임을 계속 만들어낸다. 연예인과 사진을 찍는 듯한 프레임뿐 아니라 다양한 프레임이 계속 출시된다. 그러니 사진이 다르게 느껴질 수밖에 없다. 계속 찍을 수밖에 없는 확실한 명분을 프레임이라는 수단으로 제공하는 것이다.

프레임은 일종의 콘텐츠다. 누구나 공감하는 콘텐츠는 아닐 수도 있지만, 다양한 사람이 공감하는 콘텐츠가 될 수는 있겠다. 지금의 트렌드는 콘텐츠를 원한다. 단순한 광고, 단순한 영상, 단순한 사진은 재미가 없다. 딱히 접근할 이유도 없고, 반복적으로 소비할 이유는 더더욱 없다. 하지만 콘텐츠는 재미있다면 반복적으로 본다. 의미가 있다면 계속해서 접근하고, 뉴미디어에서 만날 수 있는 근사한 대상으로 생각한다. 그러니 광고는 안 봐도 콘텐츠는 본다. 콘텐츠가 소비를 결정하게 만드는 명분 중 하나가 된 것이다. 콘텐츠를 보며 익숙해졌으니 친밀감이 느껴져서 소비하고, 콘텐츠 자체가 좋아서 소비하기도 한다.

광고는 남지 않지만, 콘텐츠는 남는다. 마찬가지로 사진은 남지 않을 수 있지만, 자신이 좋아하는 프레임은 남는다. 게다가 프레임은 디깅과도 연관이 있다. 좋아하는 캐릭터나 아티스트가 등장하면 도저히 그냥 넘어갈 수 없다. 스스로 만족할 때까지 사진을 찍는다. 그래서 프레임이란 콘텐츠의 측면에서도 부족함이 없고, 디깅 트렌드를 생각했을 때도 강점이 많다.

CU의 오리지널 콘텐츠 사랑은 큰 성과로
돌아왔다.(출처: BGF리테일)

BGF리테일은 인생네컷처럼 콘텐츠의 중요성을 잘 알고 있는 듯하다. 그동안 오리지널 콘텐츠에 신경을 많이 써왔고, 지속적으로 오리지널 콘텐츠를 기획하고 있다. 그 결과 다양한 콘텐츠가 뉴미디어에 업로드되었는데, 좋은 반응을 얻으며 브랜드 인지도 확보에 큰 도움이 되었다. BGF리테일이 과거의 방식으로 광고에만 몰두했다면, 지금처럼 뉴미디어에서 트렌드를 선도하는 기업이 되진 않았을 것이다. 콘텐츠 친화도가 높은 대중과 소통하고, 트렌드가 바뀌고 있다는 사실을 제대로 인지한 결과다.

인생네컷의 프레임이 말하는 메시지는 소비 중심 세대의 성향, 뉴미디어의 주도권을 잡는 방식이다. 광고를 반기지 않는 세대를 공략하는 방식이 콘텐츠라는 걸 알려준다. 물론 콘텐츠가 모든 것의 답은 아니다. 하지만 트렌드를 반영한 소통에 도움을 주는 건 부정할 수 없을 것이다.

CONSUMPT

PART 7

디지털 캠프파이어,
디지털 세상은
알고 보면 좁다?!

ONTRENDS

옹기종기,
디지털 캠프파이어의 세상

문득 어렸을 때가 기억난다. 영어 공부를 재미있게 하고 싶었던 나에게 인터넷 세상은 흥미롭게 다가왔다. 물론 지금처럼 빠른 속도로 인터넷을 즐길 수는 없었지만, 조금 느려도 낭만이 있었다. 특히 외국 친구들과 주고받은 대화는 지금 생각해도 재미있다. 그들과 얼굴은 한 번도 보지 못했지만, 누구보다도 친밀감을 느꼈다. 각자 좋아하는 음악이나 작품을 이야기했다. 특히 상대방 국가의 콘텐츠로 느끼는 동질감은 남달랐다. 그중 일부는 지금도 연락하고 있으니, 이때 랜선으로 쌓은 우정은 깊었다.

나에게는 한계가 없었다. 인터넷으로 대화를 주고받을 수 있으면 다 친구였다. 그래서 이때의 온라인 인간관계는 얇고 넓었다. 더 넓게 뻗어나갈수록 신기했고, 어디까지 갈 수 있는지 궁금해졌다. 그러면 지금도 그럴까? 지금은 그 대신에 디지털 캠프파이어가 이뤄진다.

캠프파이어라면 친구들과 불가에 옹기종기 모여 앉아 놀던 기억이 있을 것이다. 나는 수련회에서 캠프파이어를 하고, 친구들과 둘러앉아 이런저런 이야기를 나눴다. 평소 잘 모르는 사이였다면 서로 인사를 나누고, 이미 알던 사이라면 깊이 있는 이야기를 나누기도 했다.

디지털 세상에서는 댓글을 통해 불특정 다수와 소통한다. 잘 모르는 사람이지만 공감할 수도 있고, 다른 의견을 낼 수도 있다. 하지만 깊이 있는 대화는 나누지 않는다. 그렇다면 규모가 작아지면 어떨까? 특정 콘텐츠에 공감하는 사람들만 참여하는 커뮤니티라면 공감하는 부분이 같으니 밀도 있는 대화를 할 수 있다. 마치 모닥불 앞에 모인 사람들처럼, 서로 묻고 답하며 거리를 좁힐 것이다. 이게 바로 디지털 캠프파이어다.

우리는 디지털 세상이 한없이 넓다고 생각한다. 디지털 환경은 시공간을 초월하고, 국경이 없으며, 전 세계 사람들이 소통한다. 하지만 한없이 넓은 공간에서 이뤄지는 대화는 공허한 메아리 같을 때가 많다. 그러다 보니 좀 더 깊이 있는 대화를 진행하며 디지털 세상의 한계를 뛰어넘는 대안을 제시하고 싶어진 것이다. 그래서 등장한 것이 디지털 캠프파이어라고 할 수 있다. 마치 캠프파이어를 하듯 소수의 사람이 모여 대화를 주고받는 경향을 뜻하는 용어다. 지금은 디지털 캠프파이어형 대화가 디지털 세상을 이끌어가고 있다.

디스코드가 흥하는 이유?
디지털 캠프파이어의
3가지 유형과 트렌드 반영법

그렇다면 사람들이 모여서 대화만 하면 디지털 캠프파이어일까?

디지털 캠프파이어에는 3가지 유형이 있다. 첫 번째는 소규모 커뮤니티형이다. 가장 일반적이고 흔하게 보는 디지털 캠프파이어다. 사실 커뮤니티는 새로운 개념이 아니다. 하지만 기존의 커뮤니티와 카페 등에서는 많은 사람이 소통한다. 가입해도 멤버 중에 모르는 사람이 더 많다. 몇 년을 활동해도 대화를 주고받지 않은 사람이 더 많을 수도 있다. 디지털 캠프파이어는 커뮤니티의 규모가 작은 편이다. 멤버의 대부분이 서로 알고 소통한다. 숫자가 많지 않기 때문에 소외되는 사람도 없다. 인터넷 공간이지만 확실한 친목을 자랑한다. 그래서 과거의 커뮤니티 개념과는 차이가 있다.

디스코드는 게임 중에 채팅이 가능하다고 해서
흥한 게 아니다.(출처: 디스코드)

디스코드는 게임 중 채팅을 가능하게 만드는 메신저였다. 음성 출력 시 딜레이가 적어서 많은 주목을 받았는데, 그뿐이었다면 지금처럼 트렌드의 중심에 서진 못했을 것이다. 디스코드는 관심사에 따라 커뮤니티를 운영하기 쉬운 환경을 제공한다. 따라서 게임하다 만난 사람들끼리 관심사를 기반으로 커뮤니티를 만들어 소통하는 경우가 많다. 디스코드에서는 이런 기능을 '서버'라고 지칭한다.

커뮤니티 자체에 제약은 없다. 원하는 만큼, 원하는 주제로 친밀한 소통이 가능하다. 디지털 캠프파이어를 위한 가장 이상적인 공간을 제공하는 것이다. 가장 이상적인 건 소규모의 디지털 캠프파이어가 커뮤니티형으로 구현되는 것이겠지만, 기업과 브랜드 입장에서는 쉽지 않은 일이다. 하지만 커뮤니티는 중요하다. 기업과 브랜드에 대한 의견이나 반응이 오가는 장이 될 수 있기 때문이다. 제품 혹은 서비스에 따라 각각 뭉칠 수 있는 방식을 고민하면 좋다. 대중은 소통하고 싶어 하고, 의견을 내고 싶어 한다. 이런 니즈를 반영하는 곳이 꼭 개인의 SNS일 필요는 없다. 다양한 커뮤니티를 실험하고, 그곳에서 해답을 발견하려 노력하는 것이다.

재출시는 좋은 방식 중 하나다.(출처: 오뚜기)

커뮤니티에서 기업과 브랜드에 대한 이야기는 중요한 화제 중 하나다. 실제로 반응이나 이야기를 보고 다음 행보를 정하기도 한다. 대표적으로는 재출시가 있을 텐데, 대중 반응에 따라 재출시되는 상품이 매우 많다. 대중의 목소리를 듣는다는 사실은 긍정적이고 트렌디하지만, 내부적인 노력으로 더 많은 의견을 들을 수 있다면 좋을 것이다. 커뮤니티를 제대로 구현할 수 있다면, 재출시 등과 같은 이슈에 생겼을 때 가장 먼저 홍보할 수 있는 채널이 생기기 때문이다.

두 번째는 개인적 소통형이다. 보통 DM(다이렉트 메시지)을 통해 개별적으로 연락을 주고받으면 소통에 관여하는 인원이 두 명뿐이다. 즉, 매우 밀접한 소통이 가능하다. 디지털 캠프파이어의 핵심은 소수의 인원이 제대로 소통하는 것이다. 따라서 개인적 소통 역시 디지털 캠프파이어에 해당한다. SNS의 DM 기능이 매우 발달해 있는 만큼, 앞으로도 개인적 소통을 활용한 디지털 캠프파이어가 많이 일어날 가능성이 높다. 개인적 소통은 기업과 브랜드, 혹은 기관에도 의미하는 바가 있다. SNS에서 개별적으로 연락하는 인원이 많아질 수 있기 때문이다. 일일이 응답하긴 어려울 수 있겠지만, 소통의 정도를 결정하는 판단 기준이 될 수도 있다. 따라서 내부적으로 대응하기에 까다롭다고 해도 대응 방향을 정해놓을 필요가 있다.

LG유플러스는 이미 AI를 통한 DM 대응을 진행하고 있다.(출처: LG유플러스)

대표적인 해결책이 AI다. DM에 AI를 적용하면 소통 통로를 만들 수 있다. 가장 많이 오는 DM 유형, 고객별 질문 사례, 빈도가 높은 대화 주제 등 다양한 소재를 검토한 후 AI에 학습시키면, DM에 적절한 대응이 가능하다. 굳이 담당자가 자리에 없어도 된다. 딥러닝이 가능한 AI라면 점점 진화하는 고객들의 소통 주제를 지속적으로 학습하는 것도 가능하다. 특정 주제나 세대만이 아니라, 더 많은 대화 자료가 쌓인다면 모든 대중에 대응하는 커뮤니케이션 구조를 만들 수 있다. 이처럼 DM은 더 이상 친구들끼리 주고받는 메시지만 의미하지 않는다. 가장 친한 친구와 주고받는 DM의 의미는 변하지 않겠지만, 디지털 캠프파이어를 통해 트렌드로 떠오르며 기업이나 기관, 브랜드도 주목해야 하는 대상이 되었다. 따라서 AI 도입 등 다양한 아이디어를 통해 DM이라는 개념에 제대로 대응할 수 있는 환경을 구축해야 할 것이다.

세 번째는 역할 수행형이다. 역할을 부여할 수 있는 공동체를 조직해 각자 자신의 역할을 성실히 수행하며 밀접하게 소통하는 방식이다. 과거에 인터넷 카페 같은 곳에서 카페장, 스태프 등을 두고 각각의 역할을 수행했던 것과 마찬가지다. 하지만 디지털 캠프파이어와는 전혀 다른 개념이다. 디지털 캠프파이어의 역할 수행은 소규모로 이뤄지며, 공동체에 속한 모두가 역할을 가진다. 카페의 경우 소수에 해당하는 운영진만 역할을 가지기 때문에 디지털 캠프파이어라고 볼 수 없다.

역할 수행형 디지털 캠프파이어는 두 가지 방식으로 나뉜다. 커뮤니티의 안정적인 운영을 위해 각자 역할을 수행하는 게 첫 번째 방식이다. 예를 들어 음악 관련 소규모 커뮤니티에 네 명이 모이면 광고하는 사람 걸러내기, 음악 차트 수집, 추천 음반 찾기, 해외 소식 전달 등과 같이 각자 역할을 맡는다. 커뮤니티가 신나게 돌아가고 밀도 있는 대화를 하기 위해선 네 명이 모두 역할을 잘 수행해야 한다.

두 번째 방식은 주로 게임에서 활용한다. 게임을 즐기기 위해 같은 팀이 되어 역할을 나누고, 이 역할을 제대로 수행해서 게임 내에서 좋은 결과를 얻으면 서로 소통이 잘된다고 느낀다. 그렇다면 친구로 추가해 게임에서 계속 만나며 소통한다.

오랫동안 인기를 얻고 있는 브롤스타즈는 대표적인 사례다.(출처: 슈퍼셀)

오랫동안 인기를 얻고 있는 브롤스타즈라는 게임은 디지털 캠프파이어의 대표적 사례다. 온라인을 통해 게임 상대를 매칭하고, 게임 모드에 따라 협력해 플레이해야 한다. 특히 개인의 역량 혹은 역할 수행이 승패에 많은 영향을 준다. 그래서 게임에 대한 접근 방향에 유사한 사람끼리 친밀하게 소통한다. 브롤스타즈뿐만 아니라 팀을 이뤄 목표를 달성하는 RPG 온라인 게임, 팀을 만들어 슈팅전을 벌이는 FPS 게임 등이 모두 디지털 캠프파이어를 만들어낼 수 있는 게임이다. 게임상에서 관심만 끌려고 어이없는 짓을 하거나 불성실하게 활동하는 일명 '트롤'을 걸러내면서 디지털 캠프파이어의 일원끼리 더 가까워지기도 한다.

역할 수행형 디지털 캠프파이어는 일반적인 산업으로 확장시켜도 꽤 매력적인 트렌드다. MZ세대와 알파세대는 '가만히' 있는 걸 선호하지 않는다. 기업과 브랜드가 대중에게 역할을 부여한다면, 개인은 역할을 수행하며 브랜드나 제품을 인지한다. 이때 역할은 간단한 것도 상관없다. 인증하거나 간단한 콘텐츠를 제작하게 해도 좋다. 공간에 접근해 미션을 수행하게 하는 것도 나쁘지 않은 방식이다. 이처럼 직접 움직일 수 있는 부분을 만들어주면, 역할을 충실하게 수행하는 게 MZ세대와 알파세대다.

적극적으로 기억하도록 만들어라.(출처: 농심)

농심은 대표 제품인 새우깡을 주제로 한 팝업스토어를 오픈하며 '새우깡 어드벤처 in 고래섬'이라는 이름을 붙였다. 단계별 미션을 수행하며 '고래섬'을 탈출하는 게 관람 포인트다. 탈출 미션을 수행하는 어트랙션존과 새우깡을 즐길 수 있는 브랜드존으로 구성됐는데, 어트랙션존에서 미션을 완료하면 브랜드존에서 사용하는 참여권을 제공하는 방식으로 운영했다. 물론 미션만 있는 건 아니었다. 포토존이나 굿즈존도 함께 마련해 SNS 인증을 유도했다. 하지만 미션 덕분에 팝업스토어가 상당히 재미있어졌다. 디지털 캠프파이어까지 가진 못했지만, 역할 수행형 디지털 캠프파이어가 의미하는 트렌드는 제대로 살렸다고 볼 수 있겠다.

'찐' 관계 만들기, 트롤 짓은 멀리, 패노크라시는 가까이?

지금까지 디지털 환경이 인간관계를 인스턴트형으로 바꾼다고 생각해왔다. 요즘 세대는 인터넷상에서 두루두루 어울리지도, 타인이라면 무조건 이해하지도 않는다. 핵심적인 사람과만 어울리고, 트롤 짓하는 사람은 과감하게 아웃이다. 어쩌면 디지털 환경이 가져온 가장 큰 강점인 공간의 초월이라는 개념을 오히려 잘 활용하지 못하는 것처럼 느껴지기도 한다. 어떤 게 맞는 걸까?

우선 요즘 세대는 사람으로 인해 골치 아픈 걸 싫어한다. 마음 쓰기 싫

돌은 이제 그냥 돌이 아니라 반려가족이다.

고, 마음고생하기 싫다는 것이다.

'반려돌'을 키우는 사람들이 늘고 있다. 처음에는 모 아이돌 그룹 멤버가 소개하면서 화제를 모았는데, 반려돌 업체에서 올린 돌 씻는 영상이 터지면서 급부상했다. 사실 예전부터 주목받고는 있었다. 반려돌을 키우는 이유는 여러 가지가 있겠지만, 가장 공감한 이유는 마음고생이 없다는 것이었다. 반려동물을 떠나보내는 슬픔을 다시 경험하고 싶진 않은 사람들이 많다. 퇴사나 마찬가지다. 굳이 마음고생하고 스트레스를 받아가며 일할 필요는 없다고 여겨서, 힘들면 과감하게 퇴사하고 스스로를 더 돌본다. 이처럼 마음고생이나 쓸데없는 스트레스를 매우 싫어하는 게 MZ세대와 알파세대다.

그런 MZ세대와 알파세대가 과연 수많은 사람과 소통하는 환경을 선호할까? 마음고생 필요 없는 소수와의 소통을 더 좋다고 여긴다. 그래서 맞지 않는 사람은 과감하게 내친다.

한편 인간관계를 생각하는 방식이 달라진 이유도 있다. 과거에는 지인이 많아야 인간관계가 좋다고 생각했다. 그러나 지금은 기쁜 일이 생겼을 때 진심으로 기뻐해줄 사람, 슬픈 일이 생겼을 때 진심으로 함께 슬퍼해줄 사람을 원한다. 그래서 넓은 인간관계보다는 의미 있는 인간관계를 만들어가는 트렌드로 변화하고 있다. 몇 없는 소중한 사람들과 '찐(진짜)' 인간관계를 맺으려 한다.

MZ세대는 애초에 다양한 인간관계에 대한 흥미가 없다. 자신을 삶의 중심으로 두었기에 각자의 존재를 인정해줄 소수의 사람과 인간관계를 맺는다. 알파세대는 MZ세대의 심화형이다. 알파세대는 청소

년기에 팬데믹을 만났기에, 인간관계를 긍정적으로 만들기 위해선 의미 없는 대화보다 마음 잘 맞는 사람들과 어울려야 한다는 사실을 인지하고 있다. 또한 랜선을 바탕으로 한 인간관계를 오래 경험한 탓에, 진짜로 소통하는 인간관계에 대한 니즈가 많다. 그들이 앞으로의 사회를 주도해나갈 테니 이런 트렌드는 더욱 힘을 얻을 것이다.

생각이 바뀌니 기업이나 브랜드를 바라보는 방식도 달라지고 있다. 패노크라시(fan-ocracy)란 팬(fan)이라는 단어와 통치를 뜻하는 접미사인 크라시(cracy)를 합성한 단어로, 팬이 통치한다는 말이다. 팬이 영향력을 주는 모든 상황을 의미한다고 이해하면 좋을 것이다. 결국 팬이 많아야 매출이 올라간다. 그래서 팬을 만들기 위해 움직이고, 팬을 위해 마케팅을 벌인다. 패노크라시 트렌드가 가져온 변화라고 볼 수 있다. 팬은 기업이나 브랜드가 진심으로 소통하길 바란다. 일종의 CRM이다.

현재의 트렌드가 원하는 소통의 방식이나 패노크라시를 고려해본다면, 소비자와 공급자는 적극적으로 소통하는 관계를 지향해야 한다. 더 이상 과거의 방식처럼 일방적으로 공급하면 소비할 것이라는 착각은 버려야 하는 것이다. 의견도 내고, 상품에 아이디어도 더한다. 이런 부분이 반영되면 반기고, 반영되지 않으면 계속 시도한다. 다만 될 때까지 계속 시도하는 건 아니다. 소통이 되지 않는다는 판단이 서면 뒤도 돌아보지 않고 떠난다. 그렇기에 패노크라시는 상당히 무서운 개념일 수 있다. 열정적으로 소통하지만, 실망하는 순간 이탈할 수 있기 때문이다. 따라서 기업과 브랜드를 바라보는 방식이 변했다는 걸 받아들이고 새로운 전략을 준비할 필요가 있다.

패노크라시는 크게 두 가지 형태로 나뉜다. 첫 번째는 타 콘텐츠의 팬을 활용해 소통하는 것이다. 이 경우 자신들이 좋아하는 대상을 활용하기 때문에 대부분 소통의 정도가 높다고 느낀다. 아이돌 그룹이나 캐릭터를 적극적으로 활용하는 게 여기에 속한다. 또 다른 것은 잠재적 고객과 소통하며 팬을 만들어가는 형태다. 다양한 과정에 참여할 수 있는 기회를 만들거나, 대중의 요청에 응하게끔 할 수 있다. 자신의 이야기가 반영되었다고 느끼는 대중은 감동을 느끼고 팬이 될 수 있다. 그래서 다양한 경로를 통해 많은 이야기를 듣는 건 상당히 중요한 과제라고 하겠다.

밸리곰은 대표적 패노크라시의 사례다.
(출처: 롯데홈쇼핑)

다양한 기업과 컬래버레이션을 벌이고 있는 밸리곰은 유튜브와 SNS를 통해 팬덤을 만든 대표적 사례다. 소통을 원하는 세대와 적극적으로 교감하며 팬을 만들었고, 영향력이 확인되자 여러 기업에서 손을 내밀어 다양한 마케팅에 활용되었다. 밸리곰은 자체적으로 팬덤을 모으고 소통했다는 점에서 패노크라시적인 의미가 크다고 할 수 있겠다. 물론 자체적으로 팬덤을 모으는 캐릭터가 밸리곰만 있는 건 아니지만, 소통을 원하는 세대에게 의미 있는 방향성을 제시했다. 진심 어린 소통을 원하는 세대와 접점을 찾고 싶다면 살펴볼 만한 사례가 아닌가 한다.

CONSUMPT

PART 8

도파민 중독,
숏폼은 어디까지
갈 수 있을까?

ONTRENDS

모바일 최적화의 열쇠가
바로 숏폼?

물론 나는 숏폼을 매우 중요하게 여긴다. 실제로 모 강의 사이트에 숏폼 관련 강의를 론칭하기도 했고, 숏폼에 대한 부분을 마케팅과 트렌드 강의에서 빼먹지 않고 이야기한다. 그리고 숏폼에 적응하기 위한 방법을 매일같이 고민하며, 샘플을 만들어가며 인사이트를 얻곤 한다. 그러나 숏폼이 트렌드의 전부라고 생각하진 않는다. 각자 선호하는 방향성과 소통 구조가 다르기 때문이다. 하지만 영향력이 막강한 트렌드라는 사실은 부정하기 어렵다. 세대를 가리지 않고 접근하기 때문이다. 연령대가 상당히 높은 사람들도 뉴스 콘텐츠를 숏폼으로 소비할 정도다. 이제는 세대를 가리지 않고 숏폼의 매력에 빠진다.

숏폼을 일명 도파민 중독이라고들 말한다. 사실 긍정적으로 해석되진 않는다. 짧은 자극에 중독되다 보면, 긴 시간의 콘텐츠 소비나

글을 읽는 것과 같이 시간이 필요한 소통 방식은 멀리하기 때문이다. 다만 나는 무조건 부정적으로 해석하진 않으려고 한다. 대신 콘텐츠 소비에 대한 변화를 상징하는 트렌드라고 본다.

보통 숏폼은 1분 이내의 영상을 가리키지만, 과거보다 짧은 시간 내에 소비할 수 있는 콘텐츠까지 포괄하는 개념이 될 수도 있다. 숏폼의 등장에는 모바일 환경이 큰 역할을 했다. 애초에 모바일에 최적화된 콘텐츠들이기 때문에 굳이 PC에서 볼 이유가 없다. 짧은 호흡을 가진 콘텐츠 역시 모바일에 최적화되어 있다. 10권짜리 책을 모두 디지털로 바꿔 한 번에 봐야 한다면, 모바일 환경에서 끝까지 집중하긴 어려울 것이다. 긴 호흡의 콘텐츠는 모바일에 맞지 않는다.

쇼핑과 모바일이라는 개념을 합치면 숏폼이 나오는 세상이다.
(출처: GS샵)

모바일 시대의 개막은 사람들의 삶에 혁명적인 변화를 가져왔다. 모바일 환경의 일반화는 콘텐츠 자체의 플랫폼 변화를 필요로 했는데, 숏폼이 이 필요성에 가장 잘 응답한 형식이 아닌가 한다. 따라서 모바일 환경에 대한 이해 없이 숏폼을 이해한다는 건 불가능하다. 또한 모바일 콘텐츠에 대한 최적화 없이 숏폼을 시도한다는 것도 불가능한 일이다.

쇼핑의 변화를 생각해보면 이해하기 쉽다. 쇼핑 자체를 모바일에서 하는 시대가 왔다. 모바일에서 쇼핑에 접근하는 비율은 점점 늘어나고 있고, 이커머스 시장의 성장 또한 모바일 쇼핑의 일반화와 함께 이뤄지고 있다. 이 상황에 숏폼을 더하면 어떨까? 모바일 환경에 최적화된 콘텐츠를 제공하면, 당연히 모바일에서 지속적으로 접근하던 대중의 눈길을 끌 것이다. 실제로 유통업체의 통계에 따르면, 숏폼을 도입한 이후 고객 방문 비율이 200% 넘게 성장하는 등 긍정적 효과를 곳곳에서 찾아볼 수 있다. 모바일에 최적화된 콘텐츠와 구매 경험이 합쳐지니 엄청난 성과를 낸 것이다.

앞으로도 유통 업계뿐만 아니라 다양한 업계에서 숏폼 활용이 더 많아질 것이라고 예상한다. 또한 숏폼을 모바일에서 소비하다가 구매 등 적극적인 행동에 나서는 대중도 지속적으로 증가할 것으로 예측한다.

지독한 편리함,
시간과 생각을 아끼다

숏폼은 지독하게도 편리하다.

먼저 콘텐츠 소비의 편리함이다. 굳이 애쓰지 않아도 알아서 잘 넘어간다. 앞으로 돌리고, 뒤로 감고, 원하는 곳을 향해 움직이는 등 과거부터 이어온 수많은 동작을 할 필요가 없다. 1분만 지나면 넘어간다. 콘텐츠 소비가 이렇게 편했던 적이 또 있나 싶다.

그동안 콘텐츠를 정말 어렵게 소비해왔다. 아날로그의 상징이었던 카세트테이프를 생각해보자. 원하지 않는 음악이 나오면 감아서 넘겨야 한다. 좋아하는 노래를 다시 듣고 싶다면 감아서 되돌아가야 한다. 그만큼 콘텐츠 소비는 노력이 필요한 일이었다.

하지만 지금은 어떤가? 뉴미디어 시대의 개막과 함께 콘텐츠 소비가 매우 편리해진 건 사실이지만, 숏폼은 이 추세에 기름을 부었다.

더 이상 콘텐츠 소비는 복잡한 일이 아니다. 숏폼은 이 강점을 바탕으로 빠르게 대중의 마음을 사로잡았다.

두 번째는 생각의 편리함이다. 고민이 필요 없다. 1분 안에 재미있는 이야기들이 나오거나, 원하는 정보가 나오리라 기대한다. 원하는 콘텐츠가 나오면, 메모까지 해가며 열심히 봐야 할까? 아니다. 가볍게 소비하면 그만이다. 그만큼 직관적인 정보 위주로 돌아간다. 그러니 인상 찌푸려가며 고민할 필요가 전혀 없다. 생각의 과정이 매우 편리해졌다고 할 수 있다. 이런 숏폼의 특성은 필연적으로 사고가 부족해지는 부정적 측면으로 연결될 수 있을 것이다. 생각이 편리해지면 의미 있는 고민이 줄어든다. 그러나 빠른 사고 구조를 활용할 수 있다면 그 또한 장점이 될 것이다.

마지막으로 시간의 편리함이다. 시간 활용이 편리해졌다. 드라마를 보면 90분짜리를 12편 이상 봐야 하지만, 1분짜리 숏폼에서 빠르게 정리하는 줄거리와 결말을 볼 수도 있을 것이다. 그리고 아낀 시간을 다른 곳에 쓰며 시간 활용의 편리함을 만끽할 수 있다. 이런 방식으로 생각하면 숏폼은 시간 활용의 편리성을 극대화하는 셈이다. 물론 그 시간이 너무 짧고 아쉽게 느껴질 수도 있지만, 숏폼은 1분의 가치를 끌어올렸고 의미를 다르게 만들었다. 1분 안에 정리할 수 있는 게 생각보다 많다는 걸 깨달았고, 1분조차 선택받기가 쉽지 않다는 것도 느낀 것이다. 타인의 시간을 편리하게 만들기 위해 노력해야 한다는 사실을 누구나 인정하게 되었으니 의미 있다고 할 수 있겠다. 이처럼 숏폼은 시간을 다시 생각하게 하고, 많은 대중의 시간 활용을 훨씬 더 편리하게 만들어주었다.

이런 3가지 측면의 편리함이 숏폼의 대세를 이끄는 활동력이다. 빠르고 편리해서 숏폼을 택하는 것이다.

이런 숏폼의 편리함은 자신을 위해 많은 것을 소비하는 트렌드를 보여준다. 자신의 관심사와 취향을 추구하며 '나'라는 존재를 중심으로 소비하는 트렌드이기에, 편리함은 자신에게 집중할 수 있는 시간을 준다. 콘텐츠 소비에 드는 시간을 아끼고, 생각이 복잡해져 지치지 않도록 하여 심리적 여력을 확보한다. 그만큼 자신에게 더 많은 시간을 투자하고, 더 많은 관심을 기울일 수 있다.

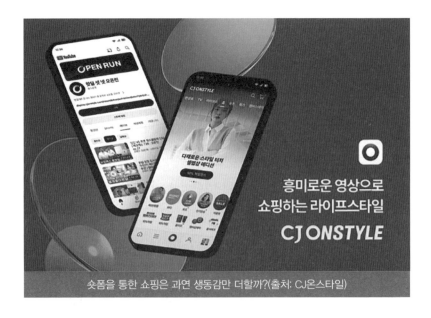

숏폼을 통한 쇼핑은 과연 생동감만 더할까?(출처: CJ온스타일)

한편 숏폼은 유통업계의 엄청난 관심을 받는다. 유통 업계뿐만 아니라 다른 업계에서도 숏폼을 도입하기 위해 노력한다. 흥미와 생동감을 더한다는 이유에서다. 그런데 과연 흥미와 생동감이 숏폼을 도입하는 이유를 모두 설명할 수 있을까? 관심사를 위한 쇼핑은 길게 하고 싶어 하지만, 그 외의 것은 최대한 시간을 아끼고 빠르게 구입하길 원한다. 그런데 정보와 추천 사항을 빠르게 정리해주는 숏폼은 소비까지 걸리는 시간을 단축한다. 정보를 알아서 정리해주니 검색할 필요가 없다. 이렇게 쇼핑하면 여분의 시간이 확보된다. 시간 절약에 대한 니즈를 숏폼이 충족시키는 것이다.

그렇다고 해서 10대들이 직접 촬영하고 올리며 즐긴다고 해서 숏폼이 모든 플랫폼에서 송출되는 원인을 설명할 순 없다. 결국 지독한 편리함이 숏폼을 만드는 원동력이 된다. 편리함을 주니 숏폼을 거부하기 어렵다. 편리함이 만들어내는 즐거움과 또 다른 가치가 숏폼 트렌드를 설명해주는 셈이다.

일단 줄이면 다 된다?
A.S.I.A, 숏폼을 위해 기억해야 할 4가지 사실

그렇다면 1분 이하로 줄이면 숏폼일까? 틀렸다. 1분 이하로 줄이면 그냥 짧은 영상일 뿐, 도파민을 생성할 정도로 의미 있는 숏폼은 될 수 없다. 숏폼을 만들기 위해 기억할 4가지 사실이 있다. A, S, I, A, 즉 Agree, Sympathy, Information, Action이다.

먼저 Agree(동의)는 숏폼과 관련하여 동의된 내용을 말한다. 이를 테면 규격이나 시간, 편집 방식 등을 뜻하는데, 규격과 편집 방식조차 제대로 따르지 않으면서 숏폼 트렌드에 적응하는 건 말이 안 된다. 크롭(영상 자르기)만 해서 붙여 넣고 1분에 맞춘다거나, 잘 보이지도 않을 만큼 작은 자막을 넣어 전달력을 떨어뜨리면, 애초에 숏폼으로 결과를 내겠다는 의욕이 없는 것이다. 쇼츠와 릴스 같은 플랫폼이 숏폼의 기본적 사항을 제시했고 대중은 이것에 '동의'한다. 나만 동의하지 않는다고 해서 누가 알아주지 않는다는 뜻이다.

이와 함께 고려할 점이 Sympathy, 즉 공감이다. 단순히 짧은 영상이거나 1분짜리 영상이라면 대중은 초반에 이탈한다. 의미가 없기 때문이다. 최소한 1분을 온전히 투자하려면 가치가 있어야 한다. 이 가치를 공감에서 찾는 것은 좋은 접근법이다. 일상의 공감도 좋고 가치의 공감도 좋다. 대다수가 고개를 끄덕거릴 만한 에피소드도 좋다. 중요한 건 1분 남짓한 시간에 대중이 수긍할 수 있는 메시지를 전달하라는 것이다. 브이로그, 스케치 코미디, 공감 에피소드 등이 여기에 속한다.

예를 들어 '출근 시간 공감'이라는 키워드를 잡았다면 바쁜 출근 시간에 벌어지는 에피소드를 1분 내외로 줄인다. 여기서 주목할 점은 공감 포인트의 대중성이다. 몇몇 소수만이 공감하는 주제는 숏폼으로 적합하지 않을 수 있다. 타깃층이 넓고, 누구나 한 번쯤은 경험할 만한 내용을 공감 포인트로 삼으면 바이럴할 가능성이 높다. 그래서 숏폼은 가능성을 넓히는 쪽으로 접근해야 할 필요성이 있다. 마케팅이라면 상황에 따라 타깃층을 좁히는 편이 나을 때도 많다. 하지만 트렌드 관점에서는 가급적이면 많은 인원에게 노출해 다양한 효과를 노려야 한다. 대중에게 인지도를 끌어올릴 수도 있고, 미래의 고객에게 존재감을 보여줄 수도 있다. 공감을 얻어내는 방식도 최대한 많은 인원을 겨냥해 고민해야 한다.

당근의 숏폼 활용을 보자. 당근 스토리는 동네의 이야기를 숏폼으로 소개하는 콘텐츠다. 당근이 주도해서 만드는 게 아니라, 이용자

들이 동네 가게에 대한 이야기를 1분 이내의 영상으로 공유한다. 오픈 5개월 기준으로 10만 개 이상의 숏폼이 업로드됐다. 당근의 숏폼 활용은 동네 정보가 필요한 지역 타깃층에게 매우 좋은 방향성이다. 특정한 타깃층 대신 '동네'라는 개념을 활용해 넓은 공감대를 형성하기 때문이다. 공감 없이 숏폼은 퍼질 수 없다.

세 번째 요소는 Information, 즉 정보다. 숏폼의 수많은 방향성 중 가장 손쉽게 접근할 수 있는 요소다. 다양하게 구현 가능하고 성과 역시 다양하게 기대할 수 있다. 정보는 대중이 콘텐츠 소비를 위해 투자한 시간을 의미 있게 느끼게 한다. 투자한 시간에 비해 기대 이상의 정보를 획득했다면 시성비(시간 대비 성능)가 좋다고 느낄 것이다. 게다가 정보는 활용할 수 있다. 지식을 얻을 수도 있고, 일상의 변화를 가져올 수도 있다. 만약 돈과 연관된 정보라면, 경제적 이득을 획득할 수도 있겠다. 이렇듯 필수적인 정보가 짧은 시간 안에 의미 있게 전달 된다면 반응하지 않을 수 없다.

물론 숏폼에서 기대한 재미만 찾아도 대중은 긍정적으로 여길 것 이다. 하지만 기업이나 브랜드, 기관이 늘 재미만 추구할 수는 없다. 의미 있는 콘텐츠에서 존재감을 과시하고, 대중이 지속적으로 접근할 수 있도록 해야 한다. 정보로 시성비를 챙기거나 활용도 높은 정보를 제공하면 계속해서 접근할 가능성이 높다.

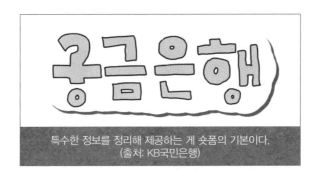

특수한 정보를 정리해 제공하는 게 숏폼의 기본이다.
(출처: KB국민은행)

국민은행은 '궁금은행'이라는 콘텐츠를 선보였는데, 화폐, 금융 트 렌드 등에 관한 흥미로운 이야기를 1분 내로 전달한다. 다양한 방식 으로 금융 관련 정보를 제공하기 위한 노력이 엿보인다. 흥미로운 이 야기들을 전하다 보니 재미도 챙겼다. 기업과 브랜드, 기관에서 제공 했을 때 가장 의미 있는 정보를 떠올릴 필요가 있다.

마지막 요소는 Action(행동)이다. 현재의 트렌드는 적극적으로 행 동하길 요구한다. 팝업스토어는 가서 체험해야 하며, 정보는 직접 찾 아봐야 하고, 콘텐츠는 스스로 만들어 올려야 한다. 나의 취향도 스스로 찾는 것이고, 디깅도 직접 한다. 건강을 챙기는 웰니스도 바꾸고 실천하는 행동이 따른다. 숏폼도 마찬가지다. 지켜보고 있는 것만이 숏폼을 즐기는 방법은 아니다. 행동으로 참여하고, 각자의 이야기를 만들고 올려야 더 재미있다.

초콜릿의 새로운 지평을 연 두바이 초콜릿,
숏폼에 올리면 어떤 반응일까?(출처: BGF리테일)

얼마 전, 두바이 초콜릿이 엄청난 열풍을 일으켰다. 그렇다면 두바이 초콜릿으로 숏폼을 만든다면, 열심히 1분 동안 찍으면 될까? 그보다는 두바이 초콜릿을 구매할 수 있는 곳을 알려주면 좋다. 그러면 대중은 숏폼을 보고 직접 구매를 위해 행동할 것이다. 구매 못 한 사람들을 위해 두바이 초콜릿 만드는 법을 소개해도 좋겠다. 이렇듯 행동을 추가하면 숏폼의 답이 보인다. 다시 한번 강조하지만, 숏폼을 본 대중이 행동할 수 있는 기회를 제공해야 한다.

숏폼에 '그냥'은 없다

나는 숏폼을 너무 단순하게 이해하는 게 안타깝다. 무조건 짧은 영상도 아니고, 생각 없이 보는 콘텐츠도 아니다. 숏폼은 대중의 생각과 콘텐츠 소비 흐름을 반영하는 매우 중요한 트렌드다. 또한 시간에 대한 대중의 가치관을 읽을 수 있는 트렌드이기도 하다. 물론 과거보다 빠르게 돌아가는 콘텐츠 소비 패턴이 숏폼에 큰 영향을 준 건 사실이지만, 속도감에만 주목하면 이런 트렌드를 발전적으로 반영하기 어렵다. 숏폼에서 '그냥'은 없다. 대중은 그냥 숏폼을 보거나 소비하지 않는다.

앞으로 숏폼은 콘텐츠 소비 방식을 지배하는 가장 중요한 플랫폼이 될 것이다. 그리고 더 다양한 방식으로, 더 다양한 콘텐츠가 숏폼 타임라인을 수놓을 것이다. 무조건 짧게 만들 게 아니라, 대중의 니즈와 가치를 반영하는 센스로 숏폼 트렌드에 대한 적응도를 높여야 할 것이다.

CONSUMP

PART 9

사지 마세요,
구독하세요

ONTRENDS

구매 대신 구독,
새로운 소비의 시대

나는 2019년에 첫 책을 냈는데, 그때 주목했던 개념 중 하나가 구독이었다. 당시 나는 무엇이든 구독하는 시대가 올 것이라고 했는데 정말 그렇게 되었다. 구독이라는 이야기를 시간이 지난 지금 다시 할 줄은 몰랐다. 구독의 개념 자체가 아주 새로운 건 아니라서 이렇게까지 성행할 거라 생각 못 했기 때문이다.

구독은 일정한 비용을 지불하고 특정 상품이나 서비스를 지속적으로 이용하는 일이다. 구독은 케어의 개념을 포함할 수도 있다. 지속적으로 비용을 지불하는 만큼 만족감이 유지되거나 최신성이 있어야 한다.

한편 렌털과는 개념이 다르다. 렌털은 상품에 집중하지만, 구독은 상품의 범주를 뛰어넘는 다양성이 있기 때문이다. 케어의 개념이 들어가면 청소나 관리를 포함할 수도 있고, A/S 등 사후 조치를 의미할 수도 있다. 예를 들어 매트리스를 구매하는 대신 구독을 택하는 사람들이 있다. 관리를 해주기 때문이다. 구매하면 스스로 관리해야 하지만 구독하면 소독 등 다양하게 관리해주기 때문에 신경 쓸 필요가 없다. 구독 상품은 이처럼 관리, 유지 및 보수를 진행해주는 경우가 많다.

최신성을 갖춘 구독 서비스는 계속 업데이트된다. OTT나 음원 구독도 마찬가지고, 유튜브 프리미엄 구독도 실시간으로 영상이 계속 업데이트된다. 장기 렌트로 차량을 사용하면 기준에 따라 새로운 차량을 출고해주기도 하는데, 이 역시 구독의 개념에 가깝다고 하겠다.

LG전자는 구독 트렌드를 반영해 새로운 기회를 창출했다.(출처: LG전자)

LG전자의 사례를 보자. LG전자는 구독을 강조한 이후 새로운 기회를 만들고 있다. 프리미엄 가전 구매 고객 중 약 40%가 구독을 활용한다. 연간 구독 매출은 이미 1조 원이 넘었고, 지속적으로 상승세다. 당분간은 연간 최대 구독 매출을 계속 경신할 것으로 보인다. LG 전자의 구독은 구독 트렌드를 충실히 반영한다. 구독 기간을 원하는 대로 선택하고, 전문가가 정기적으로 제품을 관리해준다. 구독하는 기간에는 소모품 교체나 제품 수리를 무상으로 받을 수 있다. 이 여세를 몰아 해외에서도 구독 상품을 선보이고 있다. 가전제품업계의 경쟁은 트렌드에 누가 잘 적응하느냐에 따라 결과가 바뀌기도 하는데, LG는 구독 트렌드를 아주 잘 반영하고 있는 것으로 보인다.

헤어 관리 가전이
흥할 수밖에 없는 이유?

그렇다면 도대체 왜 구독의 트렌드가 되고 있을까? 헤어 관리 가전제품에서 답을 찾을 수 있다. 헤어 관리 가전제품이 비싸도 잘 팔리는 이유를 생각해보면 구독이 흥하는 이유를 알아낼 수 있다. 대부분의 헤어 관리 제품은 각자의 니즈에 따라 사용한다. 누군가는 머리에 포마드를 바르지만 누군가는 고급스러운 컬을 살리려 한다. 각자 원하는 스타일이 다르기에 그에 맞는 제품을 선택하는 것이다.

하지만 과거에는 가정에 이런 가전제품이 없었다. 냉장고와 TV, 세탁기 등 대부분 공동으로 사용하는 가전제품이었다. 개별적으로 사용 가능한 가전제품이 없었다. 그러나 지금은 개별적으로 사용하는 가전제품이 많아졌기에 구독이 필요하다. 공동으로 쓰는 것이 아니라서 모든 가전제품을 구비하기는 상당히 부담스럽다. 게다가 이런 가전

은 항상 필요한 건 아닐 수 있다. 갑자기 헤어스타일을 바꾸면 고가의
헤어 관련 가전제품이 한순간에 필요 없어지기도 한다.

　개별적으로 사용하는 가전제품의 증가는 구독이라는 트렌드에 힘
을 보탰다. 하지만 가전제품만 그런 것은 아니다. 취향이 다양해진 세
상에서 구매하기보다는 구독이 유리한 제품이 많다. 취향은 달라질
수 있으므로 구독이 좀 더 안전하거나 경제적일 수 있다는 말이다.

영양제 구독을 생각해보면 이해하기 쉬울 것이다.(출처: 닥터나우)

　영양제는 구독 시장에서 상당히 뜨거운 키워드 중 하나다. 맞춤형
영양제를 꾸준히 구독하며 섭취하는 것인데, 건강 상태는 언제든 변
할 수 있다. 좋았던 곳이 안 좋아질 수도 있고, 안 좋았던 곳이 좋아
질 수도 있다. 그렇다면 잔뜩 영양제를 구매해두기보다는, 상황에 따
라 변화를 줄 수 있는 구독이 더 나을 수도 있다.

미래에는 손해,
하지만 현재는 이득?

구독은 경험적 측면을 흡수할 수 있다. 이런 소비 트렌드는 또다시 구독과 연결된다. 새로운 제품이 나왔는데 평소 관심 있는 분야라서 살펴보니 생각보다 비싸다고 하면 구독을 택할 수 있다. 초기 투자 비용이 적게 드니, 경험에 대한 니즈를 충족시키기 쉽다.

구독은 트렌드를 형성하는 원인이 되기도 한다. 물론 전체적인 비용 면에서 불리한 경우도 많지만, 미래보다는 현 시점의 경험을 위한 욕구가 더 중요하므로 용이하게 접근할 수 있는 구독과 같은 방식을 찾는다. 그렇지 않더라도 필요한 제품이 있는데 비싸다면 구독을 택한다. 초기 비용을 줄이고 싶을 때 구독은 매우 근사한 해답이다.

MZ세대와 알파세대는 먼 미래를 사고 기준으로 여기지 않는다. 현재의 문제도 해결하기 쉽지 않은데, 먼 미래를 생각하는 게 애초에 난센스라고 여기기 때문이다. 정보도 현재 활용한 것을 찾으며, 경제적인 부분도 현재를 기준으로 생각한다. 각종 소비의 만족감도 바로 효과를 나타내야 하며, 먼 미래를 위한 인간관계보다는 현재 의미 있는 인간관계를 찾는다. 자신의 발전을 위한 지식도 당장 활용할 수 있는 실무 지식 위주로 접근한다. 이런 경향이 구독이라는 트렌드에도 영향을 주고 있는 것이다.

차량 역시 선택 기준은 다양하겠지만 현재의 자신을 기준으로 생각한다.(출처: 현대자동차)

차량 분야에서의 구독은 점차 구독할 수 있는 차량이나 연관 프로그램이 계속 늘어나고 있다. 사실 차량은 구매가 나은지, 구독이 나은지 깐깐하게 따져볼 필요가 있다. 하지만 차량 구매가 비용적으로 부담이 된다면, 주저 없이 구독을 택한다. 현재 차량이 필요하다는 강력한 니즈가 작용하면 부담이 적은 구독을 고민 없이 택하는 것이다. 미래의 어느 시점에는 왜 구독 비용을 지나치게 낭비했는지 후회할 수도 있겠지만, 현재 고민할 필요는 없다. 부담은 줄고, 소비 니즈는 충족시킬 수 있으니 말이다. 이런 사고 구조가 구독 트렌드에 힘을 실어준다.

관리?
내가 하기 싫습니다

한편 구독은 관리가 편리하다. 개인주의 트렌드는 구독에도 영향을 주고 있다. 물건이나 상품의 관리는 해야 하는데 전문적인 기술이 없고 잘하지도 못한다면, 시간도 많이 들뿐더러 스트레스도 상당하다. 개인주의의 관점에서 바라본다면, 그런 식으로 시간과 힘을 낭비하는 것은 좋지 않다.

구독은 이런 문제를 해결해준다. 구독하면 관리까지 해주므로 쓸데없이 시간이나 심리적 여력을 투자할 필요가 없다. 전문 분야가 아닌 일까지 도맡아 고통받을 필요가 없다는 말이다. 개인주의 관점에서 생각한다면, 구매보다 구독이 좀 더 돈이 들어도 별문제는 없다. 시간과 여력에 대한 대체 비용이라고 생각하기 때문이다.

구독의 형태로 MZ세대와 알파세대의 여력을 확보해주는 서비스나 상품이 좋은 반응을 얻고 있다. 간단하게는 가사 노동을 줄여주는 가전제품부터 시작해, 전문가들의 지식이나 용역 서비스까지 다양하다. 물론 뉴미디어에 관련된 정보가 많으니 직접 찾아보고 시도할 수도 있겠지만, 불가능해 보이거나 힘들다면 주저하지 않고 대체자원을 찾는다. 이는 결국 자신을 위한 소비이기 때문이다. 시간은 확보하고 스트레스는 줄였으니 매우 의미 있는 소비라고 느낀다.

편리함에 대한 트렌드는 비즈니스 측면에서 충분히 의미가 있다.(출처: LG전자)

　구독 트렌드의 강점은 꼭 개인에게만 의미 있는 건 아니다. 비즈니스 관점에서 봐도 충분히 가치가 있다. 예를 들어 LG전자는 B2B(기업간거래) 분야에서 로봇 구독 서비스를 제공한다. 구매 비용을 줄이는 측면도 있지만, 제품의 관리 및 점검이 가능하다는 면에서 강점이 있다. 계약 기간 동안 시스템, 센서, 모터 등 관리해주고 점검 및 외관

클리닝 서비스까지 해준다. 로봇을 구매해도 전문적으로 관리하긴 어려운데 구독을 통해 고민을 해결할 수 있다. 기업은 비즈니스에 집중하는 만큼 업무 효율이 오를 테니 구독 비용을 지불하지 않을 이유가 없다. 개인과 비즈니스 모두 의미를 발견할 수 있는 것이 바로 구독 트렌드다.

아이스크림 고르기보다 재미있는 구독을 만들어라, 구독 트렌드를 이해하는 3가지 필수 조건

　구독은 현재의 소비와도 어울리고, 대중의 사고방식과도 어울리는 부분이 많다. 앞으로 다양한 분야에서 구독을 활용할 것이고 영향을 미칠 것으로 보인다. 하지만 그간 나온 구독 상품 중 생각보다 저조한 반응을 얻은 것도 많으며, 실패 사례도 많다. 그렇다면 구독은 도대체 어떤 조건을 갖춰야 할까? 3가지만 기억하면 된다.

　첫 번째는 다양성이다. 필수적인 상품이나 서비스라면 다양하지 않아도 사용할 수도 있겠지만, 대중은 필연적으로 지루함을 느낀다. OTT에 원하는 게 업데이트되지 않으면 쉽게 이탈하고, 한동안 구독하던 상품도 지루하다고 생각하면 단번에 끊는다. 가전제품 구독이 인기를 얻는 건, 이와 일맥상통한다. 집에 들여보니 활용도도 떨어지고, 매일 보고 있자니 지루해지는 것이다. 그렇다고 치워버리자니 돈

이 아깝다. 이럴 때 구독 프로그램을 택했다면 당장 다른 제품으로 바꿀 수 있을 것이다.

심지어 휴대폰 구독도 나온 상태다. 통신사에서 운영하는 휴대폰 구독은 일정 금액을 납부하면, 정해진 시점이 지나 구독 상품에서 보장한 가격대의 휴대폰으로 변경할 수 있다. 일일이 구매해야 한다면 교체하고 싶어도 현실적 제약 때문에 포기할 것이다.

대중은 손쉽게 따분함을 느끼고, MZ세대와 알파세대는 뉴미디어에 적극적으로 노출되어 다양한 정보를 알고 있다. 그래서 큰돈을 지불하고 영원히 쓰려 하지 않는다. 그러므로 구독은 다양성을 보장하고, 다양성을 바탕으로 선택의 폭을 넓힐 수 있어야 할 것이다. 다양성만 보장된다면, 설사 구독 상품이 더 비싸다고 해도 선택을 망설이지 않을 것이다. 이는 취향 소비를 반영할 가능성도 높다. 모두의 취향을 만족시키기는 어렵지만, 많은 이의 취향을 반영해야 하는 게 기업과 브랜드의 숙명이다. 시장성 있는 취향은 적극적으로 발굴해서 취향을 반영한 구독 선택지를 제시하려 노력해야 한다.

두 번째는 편의성이다. 이는 두 가지 측면에서 생각할 수 있다. 우선 구독과 해지의 편의성이다. 구독 방식이 편해야 하고, 구독 결제가 편해야 한다. 잠깐 필요 없어서 해지했다가 추후에 다시 구독할 수도 있으니, 해지를 복잡하게 해놓으면 불친절하게 느끼고 다시는 선택하지 않을 수 있다. 따라서 재구독의 가능성을 극대화하기 위해 해지 또한 편해야 한다는 걸 기억하자.

또 하나는 구독했을 때의 편의성이다. 구독 상품을 경험하는 내내 편해야 한다는 말이다. 딱히 신경 쓸 게 없도록 하고, 소비하는 돈이 전혀 아깝지 않다고 생각하게 만들어야 한다. 신경 쓸 게 많거나, 갈수록 관리받는 느낌이 덜해지면 이탈할 가능성이 높아진다. 대표적으로 유통 업계의 구독 서비스는 가격이 올라가면 반발이 심하지만, 정작 이탈하는 비율은 그렇게 높지 않다. 배송이나 반품 등에서 경험하는 편리함의 가치가 구독료보다 크다고 느끼기 때문이다.

식품 관련 구독의 핵심은 역시 편리함이다.(출처: 풀무원)

풀무원의 디자인밀은 생애·생활주기 맞춤 식단 구독 서비스다. 각자의 생애주기에 맞춘 식단 서비스를 제공하고, 개인 맞춤형 식이 관리를 극대화한다. 개인화도 물론 중요한 가치지만, 이 구독 서비스에서 가장 중요한 건 편리함이다. 고객의 연령대와 상황에 맞춘 식단을 주문부터 배송까지 효율적으로 진행된다. 그중 한 과정이라도 어려웠다면 식품 관련 구독 서비스는 지금과 같은 결과를 얻지 못했을 것이다.

세 번째로는 각자의 상황에 대한 적용 가능성이다. 단순히 기업과 브랜드 입장에서 구독 상품을 구성할 게 아니라, 타깃 대중이 소비하는 환경을 이해할 수 있어야 한다. 결국 대중의 마음을 이해하는 상품과 서비스만이 시장이 남을 것이다. 과거에 많은 기업이나 브랜드가 범했던 잘못을 다시 떠올려보자. 잘 안 팔리는 상품을 처리하기 위해 기업과 브랜드 입장만 생각해서 프로모션을 진행했다. 그러니 잘될 리가 없다. 대중에 대한 이해가 전혀 없기 때문이다. 또다시 똑같은 잘못을 범한다면, 기대하는 결과는 결코 얻을 수 없을 것이다.

구독은 트렌디한 개념이다. 트렌디한 만큼 현재 소비 트렌드를 이해하지 못한다면 잘못 접근하기 쉽다. 구독이 말하는 대중의 생각과 행동을 면밀히 이해하고 트렌드에 적응하는 계기를 찾아볼 수 있길 바란다.

우리는 무엇으로 하루를 보낼까?

어느 날 문득, 하루 종일 강연을 다니는 나의 하루를 텍스트로 적어보았다.

7시에 일어났다. 9시 반에 시작하는 강의를 위해 씻고 집을 나섰다. 강의장으로 가는 길에 요즘 유행한다는 숏폼을 몇 개 봤다. 숏폼을 보며 유행하는 제품을 알 수 있었다. 오전 강의는 12시에 끝났다. 점심을 먹고 평소 좋아하는 탄산음료를 사러 갔다. 점심을 먹었으니 조금이라도 칼로리를 줄여보겠다는 생각에 탄산음료는 제로로 구매했다. 오후 강의는 2시에 시작이다. 또 이동하며 숏폼을 소비한다. 숏폼을 보다 보니 리뷰가 맘에 드는 제품이 있었다. 해당 제품을 구매하고 배송을 기다린다. 오후 강의는 4시에 끝났다. 4시에 끝나고 집으로 돌아가기 전 아메리카노를 샀는데, 카페 옆에 있는 소품숍에 평소 좋아하던 캐릭터의 제품이 있었다. 쓸모가 있을지 고민할 틈이 없었다. 일단 구매하고 가방에 넣었다. 귀가하며 검색을 해보니, 좋아하는 캐릭터를 활용한 체크카드가 나온다고 한다. 카드가 더 필요한 상황은 아닌데, 좋아하는 캐릭터니 신청해둔다. 집에 돌아오니 노트북 꾸미기 스티커가 와 있었다. 노트북을 꽤 오래 쓰니 앞면이 좀 심심하게 느껴져서 구매했다. 내 스타일대로 몇 개 붙였더니 노트북이 팬스레 새롭게 느껴진다. 뿌듯함을 느끼며 일과를 마무리한다.

생각보다 많은 트렌드가 숨어 있었다. 제로 음료를 구매하고, 숏폼을 소비하고, 좋아하는 캐릭터에 집중하고, 노트북을 꾸미는 등 모든 행동이 요즘 트렌드와 연관이 있다. 물론 나는 트렌드에 관심이 많다. 강의와 글로 계속 소개해야 하니 더욱 그렇다. 하지만 반드시 따라야 한다는 의식은 없다. 그런데도 나도 모르게 트렌드에 따른 소비를 진행하는 것이다.

트렌드라고 하면 거창하고 추상적으로 느껴질 수도 있지만, 일상에 모두 트렌드가 들어 있다. 의식하지 않아도 소비의 흐름에 따라 많은 트렌드에 적응하는 것이 삶이다. 그래서 나는 트렌드로 하루를 보낸다고 말하기도 한다. 각자의 가치에 따라 하루를 보내도, 그 또한 트렌드다. 개인주의를 반영한 것이니 말이다. 그만큼 트렌드는 일상과 분리해서 생각하기 어렵다. 그래서 다양한 방식으로 삶에 녹아 있다.

그러니 신제품이 나왔다면 왜 나왔을지 생각해보자. 새로운 흐름이 있다고 하면 왜 그럴지 생각해보자. 그 답은 트렌드에서 찾을 수 있을 것이다. 트렌드는 대중이 반응하는 거대한 흐름을 구체화하는 개념이므로, 세상과 관련한 이유를 물었을 때 대답해준다. 그러니 늘 주목하고 배워야 하며, 스스로의 관점에서 다시 해석해봐야 한다.

이 책은 "왜?"라는 질문을 던지며 시작했다. 각종 사례와 현상을 마주칠 때마다 질문을 던졌고, 질문을 던질 때마다 얻은 답을 조금씩 정리했다. 의미 있는 통찰을 찾으려 노력했다.

우리는 트렌드로 하루를 보낸다. 여러분의 일상에 함께하는 다양한 트렌드의 의미를 이 책을 통해 발견할 수 있을 것이다. 나는 앞으로도 끊임없이 질문을 던지려 한다. 이 여정에 여러분도 함께하길 바란다.